WHAT
IF I'M NOT BRAVE
WHO WILL
TAKE THE COURAGE
FOR ME

我若不勇敢
谁替我坚强

戈 娅 作品

文匯出版社

图书在版编目（CIP）数据

我若不勇敢，谁替我坚强 / 戈娅著. -- 上海 : 文汇出版社，2015.6
ISBN 978-7-5496-1433-2

Ⅰ. ①我… Ⅱ. ①戈… Ⅲ. ①爱情—通俗读物 Ⅳ. ①C913.1-49

中国版本图书馆CIP数据核字(2015)第061671号

我若不勇敢，谁替我坚强

出 版 人 / 桂国强
作　　者 / 戈　娅
责任编辑 / 戴　铮
封面装帧 / 粉粉猫
出版发行 / 文汇出版社
上海市威海路755号
（邮政编码200041）
经　　销 / 全国新华书店
印刷装订 / 三河市金泰源印务有限公司
版　　次 / 2015年6月第1版
印　　次 / 2019年1月第2次印刷
开　　本 / 880×1230　1/32
字　　数 / 184千字
印　　张 / 8

ISBN 978-7-5496-1433-2
定　价：32.80元

目录 Contents

第一辑

如果那些付出和改变，让你变得更好了，那难道不是爱情给你的最棒的馈赠？爱情来过一次，绝对不是像风吹过，只是一场空欢喜。

第二辑

有时候我们太急于要找我们的完美结局了，我们没有学会怎么去看懂暗示，怎么去区分哪些人想要我们，哪些人不想，怎么去区分哪些人会留下，哪些人会离开。

第三辑

时间是个很好的过滤器，它会带走那些不能接受你的任何不完美的人，但是真爱你的人，还是会留下。

第四辑

人的一生，所有的爱与哀愁，全始于内心，而不系于任何其他。如果心灵不够强大开阔，缺乏控制，负面情绪便会像小河上鬼魅的水白菜一样，蔓延整个心湖，让它变成一潭死水。

第五辑

要知道，如果你不能毫无条件地接受现在平凡的他，其实，也就没有资格享受未来可能更好的他。

而只是“大家都不懂，但大家都这样”。那时我们急吼吼想要的幸福，真的是幸福吗？还是只是别人眼中的幸福？

所以，回想我的二十几岁，就像看一部滑稽的电影。拿发型来举例吧，我的发型跟着别人变了不知道多少次，长的，半长的，直而长的，直而半长的，卷而长的，卷而半长的，黑的，黄的，深红的……我从来没真正觉得哪一个合我心意，我依仗的只是旁人的观感。那时虚弱到什么地步呢，是连一个超级没水平的发型师我都不敢忤逆，就像那个著名的段子：“顾客，给您剪的这头发怎么样？”“我无所谓，您开心就好。”

身为一个自卑的进城务工女青年，我压抑自己的很多真实的声音，甚至不敢轻易表明自己对食物的态度，我在生活的全方位都害怕和别人不一样。我曾像其他女孩一样，说自己爱吃三文鱼，喜欢甜品并且认真记下了各种蛋糕的名字，但其实呢，我讨厌三文鱼，再好吃的蛋糕我一年吃一次也就够了，我甚至根本就不是一个吃货，虽然说自己是吃货可能显得更可爱，大家不都这么干吗么？

总之，当我活到现在，可以坦然地面对自己的一切喜好，可以坦诚地表达关于这个世界的看法，可以尽量随自己的心做出我认为应该的选择，我才真的觉得，活着，即便只是活着本身，就已经太爽了。

20多岁的爱情也是一样，好像总是在拧巴着，总觉得全世界都在跟自己作对，总有那么多的伤春悲秋值得自己不吃不喝一整天，一哭就是一整夜，我们发出感叹的时间，甚至超过了真正相爱的时间，那时我们是《迷失的季节》里热血的作 ×:“太可惜，也太可气，我刚刚见到你，你是春天里的花朵，长在秋天里。”

而现在呢，我们的骨头渐渐变成冷静而自由的蓝色，懂得“人活着要痛快加独立才算是有意义”，我们开始渐渐学习接纳，热情得刚刚好，矫情得也刚刚好，世故得刚刚好，天真得也刚刚好。最近我和女朋友聊天时她说：“我喜欢现在的我，我一点都不怀念我的20岁。”对，就是这样，我无比同意，“并不可惜，也并不可气，我就是一个春天的花朵，就长在一个春天里”。

你还喜欢
你自己吗?

今天有被一个女读者感动到，因为她说她的分手理由是：“我不喜欢自己了。”

我听到过起码一万种分手理由：他出轨啦，我出轨啦，他的妈妈不爱我啦，我的妈妈不爱他啦，他赚钱没我多啦，我赚钱没他多啦，他喜欢养狗啦，他不喜欢养狗啦……

很少听到这样的理由：我要分开，原因是在这段关系里，我不喜欢自己的样子了。

先说远一点吧。记得乔布斯在推出 iPod 时，曾经有声音说，市面上已经有那么多 MP3，iPod 到底有多大的市场。但是它迅速成为全球卖得最好的 MP3 产品。原因可能是，它和所有的苹果广告一样，宣传直击人心：iPod，1000 songs in your pocket（你的口袋里有 1000 首歌）——别的产品在宣扬它们能提供什么性能，而它在帮你想象，你能因此变成一个怎样的更好的人。

所以，有人这样总结说：人们买东西，不是在消费产品，他们希望可以买到一个更好的自己。

我想，爱一个人也一样，我们不是为了追逐爱情，我们是希望爱出一个更好的自己。

所有的两性关系，出发点都是为了让自己变得更好，即便是那些看起来“完全不知道图什么”的感情。只是有的人走在大马路上，一举一动都那么合乎“常理”，比如那些为爱为钱为孩子为婚姻的感情。而有的人路子走偏，一部分走到小径分叉的花园——比如曾听说一对名校夫妇跑去深山老林开荒种地拒绝再踏进文明社会，他们和大部分人很不一样，但你不能轻易评断说他们没有让自己变得更好；而另一部分就很不幸又很必然地走到了荒郊野外的断头烂泥塘——比如男人渣到头顶生疮脚底流脓，她还不放手，但即便是这样，她也未必没有感受到做圣母的灵魂优越性。

没有人是为了让自己变得更坏，去开始一段感情的。即便是仇恨社会，破罐破摔，也至少有那么一点心存侥幸，望有一个 ta，能拉自己一把，助自己逃出生天。

所以，我才会觉得，“我不喜欢自己了”这种分手理由，至真至纯得让人好感动。有人看起来拥有那么多，但是如果那段关系会让 ta 不喜欢自己，那我觉得这就是最失败的感情。反之，即便所有人都不看好，只要你还喜欢自己在这份感情里的样子，那么你就是成功的。

所以，你还喜欢你自己吗？

婚姻里的“用户体验”：你的另一半“好用”吗？

有一天跟女朋友聊天，她全程在控诉老公这样那样不好，糟心事儿太多（此处省略一万字），罪状总结起来就是：“当我遇到事儿，需要他顶上来，支持我、鼓励我、给我当后盾的时候，他从来不会。他只会要么嘻嘻哈哈，要么骂骂咧咧，甚至干脆扑上来多踩你几脚！”说到最抓狂处，她怒目圆睁地大叫，“这个男人一点都——不！好！用！”

后来，又有一次，在一个活动上碰到个读者，拉我到一边儿说她老公怎么怎么样令她不开心，她垂着两条眉毛唉声叹气：“要说错吧，他也没什么大错。怎么形容那种丧气的感觉呢？”我说：“就感觉‘不好用’是吧？”她眼睛一下子亮了：“对对对！就是这个味儿！”

感谢我那女朋友，“不好用”这三个字实在太到位了。

好不好用，这关乎的是一个“用户体验”的问题。

我觉得很多人，特别是男人，在婚后很难持续注重“用户体验”这个东西。对他们来说，婚姻有点像一锤子买卖，找了个老婆在家守着，从此有饭吃，有衣穿，病了有人管，有娃可传宗接代。人生大事自此一锤定音全部齐活儿。

他们当然也觉得女人是要哄的，但“哄”这个字明显就诚意欠奉，我不知多少次在各种场合上听到男人的这种论调：“女人嘛，哄哄就行了。”——他们的社会经验让他们清楚地知道哄是可以达到目的的，但他们其实并没有搞懂这背后的原理是啥，换言之，他们其实并不知道女人真正需要的是什么，甚至，他们在内心其实是将女人看低的，听听那三个字“女人嘛”就够了。说到底，谁管你女人家心里到底想啥呢？能说句“辛苦啦”的已经觉得自己是天字第一号好男人，能买个包包打发你的就更不得了了，简直当自己是君恩浩荡。

很多男人都这样，在两性关系中自作聪明，实则既懒且笨。所以，很多时候女人外遇或者提出分开，会令他们吓一大跳，怎么会这样呢？换言之就是：我居高临下恩重如山地没有抛弃你，我觉得自己简直可以当道德楷模了，结果居然是你先不要我了，这个世界的运行原理怎么能变得这么颠三倒四呢？看看，他们甚至都意识不到家中那个女人已经忍了多久！

所以，我一直觉得，婚姻中的两个人，要以做产品的虔诚来做自己，你得搞清楚你的用户（另一半）对你这个产品的体验如何。以做文化产品为例（比如报纸、网站等）来分析，就我个人的理解，你得至少做到下面这几点：第一，外观得做得漂亮，不能让人看不下去；第二，内容要有可读性，花里胡哨华而不实的玩意儿不能太多；第三，要有互动性，不能老把自己供起来自己玩儿自己，得让大家参与进来；第四，你得够方便快捷，客户需要你的时候你可以马上够得到;第五，要有客户服务意识，你不能卖出去就拍拍屁股不管了。至少要满足了这些条件，你才可能在提高用户体验的前提下，提高用户黏性，让他们觉得“爽到就是赚到”，从而离不开，忘不掉。

这些关乎用户体验的条件，完全适用于婚姻不是吗？是不是每个人都要想想，对方选定你这个产品，到底需要你做什么？需要你以什么态度、什么方式去做？做到什么程度？——你得让自己“好用”，否则你如何能让对方在你身上忠诚而反复地投入感情呢？

你可以活得
再孤傲一点

一个 29 岁的上海姑娘给我讲了她的故事。

姑娘相貌不错，家境也好，自己有 200 多平方米的房子和不错的车。之前一直活得还不错，除了“基本没有谈过有灵魂的恋爱。一直是相亲介绍的对象，或是自己认识的过路情缘”。

她刚刚结束了一段异国恋。对方是英国一个乐队的贝斯手，英中两边跑，机缘巧合认识，对彼此几乎一无所知，但是不可遏制地被对方吸引，再吸引，继续吸引。当他回到英国，他会坚持隔天打国际长途给她，聊他每天在英国所做的事所看到的物，发家人的照片给她，包括让他弟弟给她打招呼。而当他来到中国，他们就会在湖边散步，依偎着一起听音乐，长长地 kiss，长长地相拥……她描绘的所有画面，脑补起来都美得像中英合拍的偶像剧。

是什么打破了那种美呢？是短暂失业、家人逼婚、年近三十。她不断要求对方给个准信儿：爱我吗？以结婚为前提爱我吗？对方却坚定地只说眼下他感觉到的程度：很开心，很有感觉，很想继续接触。——总是谈不拢，刚刚萌芽的感情渐渐稀释掉，就这样分手了。

当我们太急切地想得到某样东西的时候，就注定要失去另一些东西。

她问我，是该继续等待真爱的出现，还是为了三十大关，找个合适的人结婚算了。她觉得自己等不起，觉得在这个时间段，找到真爱的可能性很小，甚至渺茫。

关于大龄剩女恨嫁这问题，不多说，大家总是认为结婚可以解决掉眼下的一地鸡毛。结婚承担的责任好重，你有问过结婚的意见吗？找个合适的人结婚算了？这是一个太空洞的假设，合适的人如果随时可以找得到，你又何必等到年近三十。

其实我在这篇文里最想谈的是：我们可以活得更孤傲一点。

我给她的回信中有这样一段："我不能代替你决定你的人生，但是我真心希望，你能在步入婚姻之前，至少感受一次全心全意不求回报不问结局的那种爱情，它会让你在人生的以后，保持一种与俗世略微有距离的孤傲，能走进你生活的人会因此越来越少，但是越来越宝贵。"

我身边有很多孤傲的人，我喜欢那些孤傲的人。他们总是能在搞定纷繁俗世的一应鸡毛蒜皮中，保持那么一些些与众不同。比如刚雷厉风行地结束一轮谈判的人，回家安静地泡一杯茶，插一束花；比如觥筹交错谈笑风生后的人，微信跟你分享的是一本小众的耐读的书，或者发现他最大的爱好，是在无人的深夜，听着歌，跑五公里的步。他们的内心笃定而丰富，不需要太多的人和声音，来填补自己的空虚，他们享受与自己独处。随着年龄渐长，他们越来越包容，却也越来越懂得剔除，剔除那些不必要围绕在侧的人和事，留着那些空，给真正愿意结交的，懂自己的人，或者只是单纯留给自己的灵魂。

孤傲的人，也许看起来会孤单一些，但他们有清晰的关于自己如何活着的准则。如果什么人都可以放到你的身侧，未免显得太low了一点。

嗯，就是这样，你觉得呢？

爱情来过一次，绝对不是像风吹过，只是一场空欢喜

2012年初有朋友推荐我在微博上关注一个很不错的女人@王力中传，她推荐的关键词是“70后和90后的姐弟恋”。王力是一家公关公司的老总，单亲妈妈，精力充沛的职场超人，手里还有一个日益茁壮的高档服装品牌。我们采访了她，将她和小男友的故事报道出来，四面八方全是赞。

时隔两年多再看微博，原来他们早在2013年初就彻底分手了，之前互相示爱的微博，删得一条都不剩。

但这不是个悲伤的故事，因为，女主人公王力结婚了，对方是个更帅的二十来岁的小伙子，退伍消防兵，演过电视剧（10年前和钟汉良演的《午夜阳光》，他的角色是高中时候的夏继栋），目前是她的得力下属，最让人感叹“同人不同命”的，是这个帅哥不仅非常配合地微博一条接一条示爱，还烧得一手好菜，香煎三文鱼什么的，信手拈来。他们俩还上了9月刊的《悦己》，坦坦荡荡大秀恩爱。

梳理了王力几年来的微博，你就会发现，有人总是能过得很幸福，不是没有道理的，这真的不能轻易归结为“命好”。

第一：对过去。“只有感恩和感谢。生命不长，能真心在一起

的不会有几个，所以再见亦是朋友。分手没有对错，只是缘分不够。我能爱过的人一定是很好的人。”——极品都是成对出现的，当你自己变成爱控诉的极品前任，你那辆爱的小破车就走不动道儿了。

第二：对爱情的期待。“哪怕粉身碎骨，我永远选择爱情。真爱的最高境界不是占有而是付出。当付出不为回报，才真的幸福了。（我是）永远长不大的爱情傻瓜。”——好一个真爱的最高境界是付出不为回报，这个得点 32 个赞！

第三：情商。“同情你从原本安逸舒适的生活为我变成不断学习、加班、出差的辛苦男人，更感恩你美丽母亲生养你，并从坚决反对到爱我们全家的大爱和善良。”——永远看得到对方的好，并永远第一时间将你“粉儿”起，绝对不和婆婆抢儿子。

第四：自信。“今天女朋友说我，让我阻止老陈（她的恋人陈珑琦）发展，以免年龄大了失控，对我来说，我希望身边人都努力变更好，任何人都不会在生命中永生，即便离开都心存感激。不要去控制别人，而是控制自己变更好，去影响别人。”——她从来没因为年龄问题和自己是单亲妈妈而患得患失，恋人和儿子一起分享冰激凌的样子就像一对好兄弟。

而这句“希望身边人都努力变更好”，是我觉得他们的爱情中最打动人心的部分。

陈珑琦发过一个微博是这样写的：“女人真爱上一个男人，是‘除了他之外，再也看不见别人’，而男人真爱上一个女人，是‘我要为她努力工作，让她过得更好’。一个男人开始变得很努力赚钱，是因为真爱。我现在天天努力中。”王力则这样转发：“努力的第一受益人是自己，不过还是感谢你为我付出那么多，岁月静好，相信你。”

努力的第一受益人是自己，就是我在这里最想要借花献佛的一句。

很多人在感情失败之后总是要怨，为 ta 付出了那么多，改变那么多，最后却没有得到好的结果。可是，如果那些付出和改变，让你变得更好了，那难道不是爱情给你的最棒的馈赠？爱情来过一次，绝对不是像风吹过，只是一场空欢喜。比如苦练英语只为和 ta 一起出国游不是太丢份儿，比如好好工作求升职加薪为了 ta 能以你为傲，比如买了十八本菜谱对着勤学苦练只为抓住对方的胃，看起来是在付出，但是受益人真的是你自己，甚至只是减肥、美容、理发、换衫、学穿高跟鞋这些皮囊小事，如果让你变得更有风情，那难道不是受益？

总想着自己失去的，你的世界就真的只会装满了失去的。

无力感，大概是
人活着最大的痛苦吧

先看两个觉得活不下去的读者故事。

第一个是失恋。不要小看失恋，如果你像她一样，24 岁，从懵懂的 13 岁开始，暗恋男孩 6 年，又在一起 5 年，某一天你却突然发现，对方和一个你们共同的朋友在一起大半年了，而你之前还真的老实巴交相信他的“我们只是好朋友”。那种不仅瞬间被四面八方背叛，还活生生把自己活成了个蠢 × 的感觉，保不准就会想死。换我我就会。

第二个是疾病。25 岁，说自己是“一事无成的销售狗”的男孩。国庆节回老家照顾母亲，母亲已经咳得下不来床，连一碗稀饭都没办法一次喝完，每次咳得他一身都是。他给我 QQ 留言：“以前是没钱去治，现在拖到这份儿上，实话说我是不敢去治。自己也是年轻轻一身病，而我真的没有钱……”

无力感，大概是人活着最大的痛苦吧。何况是此时，寒露已过，秋意太浓，怨只怨人在风中。

我有没有想过死呢？当然有。我有过很抑郁的时刻，有过看“一百种死亡方法”的帖琢磨哪个更适合自己的时刻，也有站在高楼希望就这样飞起来吧或者睡着了希望明天不会再醒来的时刻，更甚至，我有想一把大火烧掉身边的一切的时刻。这些，不仅有，而且我也清楚地知道，直到真正的死亡来临，我没有任何办法，拒绝这些时刻的再次到来。它们就是那种会时不时不请自来的讨厌的客人。

但我现在还好好地活着，如果不出意外，我想我还会活得越来越坦率、平和。我用了很久很久才一步三回头地走出来，那段时间给我最多安宁的，是史铁生在《我与地坛》里写的那一段话：“一个人，出生了，这就不再是一个可以辩论的问题，而只是上帝交给他的一个事实；上帝在交给我们这件事实的时候，已经顺便保证了它的结果，所以，死是一件不必急于求成的事，死是一个必然会降临的节日。”

这样一想，眼前真的没有什么可怕的。有能力的时候，就兵来将挡，水来土掩，没有能力，那就闭上眼睛随波逐流，也未尝不是一种好好活着的方式。

我以前看关于叔本华的文章，总是觉得他虽然一辈子都仗着有遗产日子过得很舒服，但也着实令人不怎么羡慕得起来，不怪他成为最彻底的悲观主义者和宿命论者。跟父母关系差到爆，没谈过啥恋爱，认为世界的本质就是无法满足欲望的痛苦，所以干脆提倡禁欲，60 岁前一直好想红又红不起来，好不容易当个编外教授，他还 no zuo no die 地非要跟黑格尔同一时间开班授课，结果搞得班上一个人都没有……尽管是孤独的，痛苦的，他也就那样，活到 72 岁，等着死神的镰刀在一个平常的早上将他静静收割。他在临死之前引用过彼得拉克的名句：“谁要是走了一整天，傍晚走到了，那也该满足了。”

中国有句大俗话“人活久了，什么事儿都遇得到”，换个角度想就跟彼得拉克的那句话很是异曲同工，就是你得尽量活久点儿，才能知道不仅人生的上午能发生啥事儿，还能知道下午、傍晚会发生啥事儿，就像我，时常会忍不住冷笑三声：看你还能出什么幺蛾子！结果遇到的呢？相信我，真的不全是坏事儿，怎么可能全是坏事儿！

所以，何必急着早死？大家一起，难过的时候就熬啦，开心的时候就笑啦，因为我们以后都会死很久的！

给那些
“开不了口说分手”的人

和女朋友聊天，她说最近和男友分了手，拉爆的原因是她给他讲了一个故事。那就容我先来当一次故事大王吧。

某男已婚，但是爱上其他人，他不提离婚，反而开始演戏，编了一个非常牵强的理由，说自己得了抑郁症。老婆急了，带他到处寻医问药找华佗，但是大家懂的，抑郁症这种病，真的得了都很难治，何况他是假的，那更是怎么治都“治不好”啊！不仅“治不好”，还“每况愈下”，简直就是一不留神就要投湖自尽的节奏。最后男人说，是这段婚姻让自己太抑郁了，估计要离婚才行了。老婆听了，二话没说就离了。结果离了不到一个月，发现男人精神抖擞和别人在一起了……女人怎么能依呢？你是玩儿我是吧？那就看谁先玩儿死谁，于是上网发帖，开始了一场轰轰烈烈的“战争”。

女朋友把这个故事讲给男友听，结果他的第一反应是：“这个女人有病吧？离都离了还能怎么样？不觉得丢脸吗？”女朋友当场觉得再也无法愉快地玩耍了，这难道不是那男人先卑劣无耻下流吗？到底丢的谁的脸呢？还有没有点儿是非观念了？

我觉得假抑郁男演这么多戏，当然首先肯定有财产方面的考虑，承认出轨要多赔很多钱哒！但是，男人身上普遍存在的“开不了口说分手”病，也是实打实的。

有个女读者曾经给我讲过她的前男友，前一天还好好儿的，第二天开始突然人间蒸发，打电话不接，再打就已经被拉黑，换了很多朋友的电话打，他坚定地做自己，不接不接就不接。折腾很多天后，男人估计觉得必须对这条索命冤魂有个交代了，结果呢，交代还是不见面，而是通过一个朋友来转告！这就罢了，女人说那约个时间去你家收拾东西，这个见面理由非常正常吧，好家伙，他居然直接收拾收拾给快递过来了！

我听着都要气笑了，感情没了，说个“我不爱你了”“我们不合适了”，有这么难于上青天吗？

在我看来，会得“开不了口说分手”病的男人，从内心来讲是看轻女人并太把自己当回事儿的，他们下意识地觉得，女人一定爱他们爱到离了就活不下去，并且认为女人一定是蠢货，不仅立志吊死在歪脖儿树上，智商余额还一定不够用于正常的言语沟通，跟她们聊分手？她们肯定会打我哒！

自我感觉这么良好也真是够了。你不爱她，她怎会感觉不到？她又怎么会爱你有多深？**一份婚姻有多无趣多让人厌倦，绝对是双向的。**也许一开始，女人会震惊，会难过，但那就像面对一根已经腐烂的手指，你知道它没用了，但是你还是舍不得，这只是人与固有习惯脱离的揪心，和对未知的恐惧罢了。伤口愈合重新活蹦乱跳，还不是迟早的事？何况，在大部分情况下，你觉得女人不想跟你分手，那只是因为你的钱，还没给够。你以为她真有多稀罕你这个人吗？

千万别自视过高，天地广阔，还说不定此去经年，谁比谁过得更好呢！

讲真！
你信不信算命先生？

人在世上走，最怕的是掌握生杀大权的人没有节操，比如医生，你去做个阑尾炎手术，他却给你切掉了卵巢，比如法官，对方给他送了个美女就把你扔进去坐牢……还比如手握“天机”的神秘人种：算命先生。

有个女读者最近就遇上了一个没有节操的算命先生。男友爸爸很信八字，她刚跟男友恋爱的时候，他爸就把八字拿给算命先生看，先生掐指一算，说合得不得了。这就是婚姻幸福的保障呀。爸爸欢天喜地给钱，然后他们就徜徉在通往结婚的康庄大道上了。

可是好景不长，有一天他们吵架了，闹分手。吵架多大事？伐开心，买买买就行了的事，这爸非要再去算一次。

算命先生再掐指一算，这次却改口了。

他说这得趁早分啊，不然，婚姻不幸只是小事，说不准儿子还会有性命之忧呢。尼玛之前怎么不说，知道人家闹分手才说？“因为觉得坏人姻缘不大好吧。”——先生你这么没有节操老天爷知道吗？

这一对儿其实吵架几天就没事，恋爱就是这样子，间歇发发精神病，精神反而比以前爽利多了。家里却从此炸锅。爸爸被“天机”

吓到，坚决阻挠，一边逼儿子去相亲，一边和不信八字坚定支持儿子的老婆上演全武行，苦命鸳鸯夹在中间拼命挣扎只差去跳江。

常上天涯和各种贴吧的，肯定不是第一次看到这种事。多少爹妈，拿着先生们合的八字，鸡毛当令箭，分分分！你说你们相爱，有毛用，这是天——命——所——归！还有一些年轻人自己要去算的，算得好当然心里美，算出来不好马上就疯了，我的乖乖，这是天——要——亡——我！

照我说，对付只信命的那一方，只需要多贿赂几个别的先生就好，包装成“易经大师”“合婚大师”什么的，到家里贴贴黄纸，换换饮水机的位置，再手起刀落杀一只鸡“化解凶兆”，比什么都管用。

所以算命先生真正是掌握生杀大权啊，确定这个行业要这么放任自流，而不需要考考职业资格证或者四六级什么的吗？

我个人是劝大家不要没事去作死，除非你其实是想分手却想不出更好的理由。不是不信命，实在是信不了算命先生，先生那么懂命怎么没给自己算出个好前程来？我信命，但更信命运掌握在自己手里。《一代宗师》里的宫若梅，要去杀掉弑父的师兄，旁人打圆场：“算了吧，就当天意如此。”她却裹起大氅御风而去，说：“也许，我就是天意。”

旁人的笑颜，
只是你生活的假面

逛朋友圈，遇到几样东西是必须绕道走的，一种是“千万人转发”和“亿万人转发”，我这么高冷傲娇的人，自然是不屑于随大流的；另一种是比总裁文还要总裁文的总裁语录，很想给它加个副标题“照着做绝对不会发大财”；第三种呢，就是各种老头老太太的牵手图片大集锦，配的文字总是很煽情，“最美的爱情，就是和你坐着摇椅慢慢摇”“告诉你什么叫执子之手与子偕老”“看了你绝对会泪流满面”。

真是怪了，大家素昧平生，原 po 都不知道他们姓甚名谁，我又凭什么要泪流满面。

何况，就像柴静在一篇文里引用过的别人批评她的话：“自我感动、感动先行是准确最大的敌人，真相常流失于涕泪交加中。”长久婚姻背后的真相，那些因果的链条，你不是当事人，你怎么知道？台湾作家施寄青写过一篇米缸条约的文，说的是一个男人保持原配米缸常满，在外面和另一个女人生活了 30 多年，到了晚年又回到原配身边，让她侍奉。要是这个老太太搀着那个药渣般的糟老头子去医院做复健，被哪个路过的闲人拍下来发到网上，也未尝不是一幅“让人泪流满面”的好风景呢。

长久而愉悦的婚姻，当然不是没有的，一开始，他们如《圣经》所言："有的时候，人和人的缘分，一面就足够了。因为，他就是你前世的人。"此后，双方都懂得经营，在烟火之气中保持着精神上的共鸣，互相成长，彼此引以为傲，这样的婚姻，不会寡淡如水，更不会度日如年。杨绛和钱钟书算是一对。

但是，当你能以冷静的思辨之心阅读和环顾四周，你会发现，很多长久的婚姻，并非是这样幸运。

民国时期有几个人的婚姻是常被人津津乐道的，其一是以惧内闻名的胡适，曾看过一篇写他和江东秀的文，里头有一句"无情人终成眷属"，十分精妙。胡适爱上曹诚英，斗胆提了离婚，但被凶悍的江东秀以"我要杀掉两个孩子"吓到赶紧让曹堕胎并把她送到国外以绝后患。有个叫"春秋文子"的作者分析过胡适为何与妻子白头到老：性格的懦弱只是其中之一，最重要的原因是，胡适爱面子，当同时期的很多有名男士如鲁迅、郭沫若、郁达夫等抛弃糟糠之妻的时候，这样传统的忍耐，可以为他博得一个大师的道德好名声。也算是失之东隅收之桑榆。

除了胡适夫妇，还有林语堂和廖翠凤、梁启超与李蕙仙，也是常被人拿来做"令人泪流满面"的范本。可是林语堂始终还是爱着年轻时求而不得的陈锦端，他甚至从来不在廖翠凤面前掩饰对她的留恋，她常年是他们家的座上宾，直至暮年百病缠身，听闻她的消息，他还要试图从轮椅上爬起来去看她。也真是亏了廖翠凤能忍，换了现在，哪个女人这么有容乃大？还"让人泪流满面"呢，不打得你"泪流满面”才好。

梁启超呢，爱上何蕙珍，还给太太写信详细讲述自己如何对蕙珍小鹿乱撞，指不定当时是想着太太若能一怒之下说了分手，他也就省得当那开口难的人。谁料到太太如此通情达理，不急不躁，反倒弄得他被挂在了墙上，梁太心机之深沉也是响当当的。此外，他当年与谭嗣同发起“一夫一妻制”，又在徐志摩和陆小曼的婚礼上当众斥责他们把婚姻当儿戏，逼格整得这么高，现在又想走下神坛策马红尘，也是蛮过不了旁人背地暗笑这一关呢。

所以，婚姻如人饮水冷暖自知。旁人的笑颜，只是你生活的假面。把于事无补的星星眼收回来，先学着观自身吧。

在笼里出生的鸟
认为飞翔是一种病

有位女读者给我讲她的发小：身在四线小城，工作算是那个地方极好的，结婚8年，老公就有7年不着家，打的旗号是外派，但是从来不往家拿钱，身边的女人还随着外派的城市常换常新。从前她是把“我要离婚”挂在嘴上作为威胁手段，但前两年男人搞大了别人的肚子，回来真跟她离，她却？？？掉了。男人之前还偶尔能对她说几句软话，现在呢？我说了要离婚放你自由的呀，是你不干，那就算了。从此是越发肆无忌惮。

女读者说，发小始终觉得，女人离婚就是天塌下来的大事，从此那就是万人耻笑。她怒极冷笑，“你怕离了被人看笑话？其实大家早就在看你的笑话。”末了她感叹：“人人都在互相窥视，人人都有枷锁，人人都要戴着面具为舆论而活。这就是小城市。”

前段时间我的高中女同学从江西过来重庆学习，自然免不了老友聚。四女一个霸占了温泉的一个小池，从十几年前讲到现在，又从现在讲到十几年前。说到家乡（湖北的一个县级市）的美食，过去的记忆，发现还是时常怀念的，但聊到有没有想过回老家工作，大家齐齐摇头。又问我那女同学当年为啥突然去江西当公务员，以为有什么爱情等着她呢，结果她说："因为江西招人啊。大江南北，只要哪个地方好考，我就去，只要能让我离开那个鬼地方。"

她给我们描绘了在老家工作的一天：早上上班，从出门那一刻开始，就要不停地跟路过的人打招呼，因为都是熟人。你必须戴上眼镜，并睁大你的钛合金狗眼，不然你还没走到单位，老妈的质问电话就来了："你怎么没给某叔某姨打招呼啊？"下班，同样的流程请再来一遍。如果你有异性同学来访，想单独约吃饭？那就大条了。从走去餐厅的路上开始，到吃完了说再见，时时刻刻，都有各种熟人在用暧昧不明的眼神瞅你、偷听你们的谈话、集束式散发小道消息。最后你也许会发现，一个你 10 年没联系过的小学不同班同学，都知道你去年夏天跟"那个男的"吃了啥。

在人生最有可能性的二三十岁，你被迫变得没有任何可能性，你必须活成大熊猫，人人都盯着你的繁殖。那里的善待、包容、克制、同情、掌声等等一切能让我们与这个世界更有距离感从而活得更有美感的东西，都太低温了。

邓丽君唱"小城故事多"，那是没说错的，因为大家都太闲了。但是"人生境界真善美"这里真没完全包括，"充满喜和乐"？嗯，在表面上，那还得是在你不遇到事儿的时候，得在你按部就班、谨小慎微地沿着既定轨道走的时候，否则你马上就会被扔进舆论的烂泥塘里，所有人都会在岸上对你指指点点。这种鞭挞，对女人尤其下得了狠手，过了 25 岁不结婚是罪（有个 28 岁的女读者就说了，在重庆自己顶多是个单身狗，但是到了老家，所有人看你的眼神里都写着四个大字“单身老狗”)，不生孩子也是罪，离婚更是罪。真是庙小妖风大，池浅王八多。

最可怕的是，当你待久了，你渐渐被同化成那些你曾经最痛恨的人，就像墨西哥剧作家亚历桑德罗·佐杜洛夫斯基曾说过的：“在笼里出生的鸟认为飞翔是一种病。”你开始不由自主地试图折断那些迷茫挣扎的更年轻的人的翅膀。

这就是我们不管混得再蹉跎，也不愿意待在小城市的原因。故乡还是拿来怀念吧。

爱并不能解决一切问题，它需要适当的情绪

时常会收到这样简单的求助信息："我们是相爱的，但是我们找不到沟通的方法了。""我们是相爱的，但是我们好像距离越来越远了。""我们是相爱的，但是为什么总是可以为一丁点小事就冷战那么久。"

还有一些信息，说得没有这么简单，但是从头到尾，都充斥着各种情绪，爱与恨、沉溺与挣扎、靠近与疏离……几大千的字看下来，我依旧不知道他们到底发生过什么。

我觉得，所有的情绪问题，都不是我们面对的本质问题。如果你愿意坦诚地面对自己，那么你所有的情绪都可以将它落到实处，变成生活的具体事务——也许是缺乏激情的性关系，也许是家务分工让人不爽，也许是他赚少了让你双11没钱买买买……这世上其实根本不存在"无病呻吟"这回事，如果你呻吟了，那么你肯定就是哪里有毛病（至少你是闲得蛋疼，那你就得让自己的工作量饱和起来）。我向来不感冒那些号称能帮你拾掇情绪问题的方法，比如灵修，比如求神拜佛，它们更像是一种吗啡即释片甚或致幻剂，最多帮你暂时嗨翻逃离，而且效用必然会越来越低，当你的坏情绪变成"情

绪癌”，你就知道励志书里都是骗人的。

好吧，那咱们就来先说爱，和一切以爱为前提的互相伤害。

我们强调“我们是相爱的”，应该是曾经幻想过爱能解决一切问题。但其实常识是：爱并不能解决一切问题，它只能提供解决问题的源动力，简单来说就是，它只会让你的“精神头儿很足”。打个不那么恰当的比方吧，如果不能借助一张凳子作为跳板，那么总会吃不到主人放在高处的那块肉脯，不论是一条蹦来蹦去的狗，还是一条沉默的狗。——如果说爱是上层建筑，那么生活的一切具体事务，就是它的物质基础。如果你不能发现实际的问题，并且冷静地切分和解决这些问题，那么不管是爱得惊天动地还是一天到晚打到上房揭瓦或是冷战一个月不说话，那么感情最终都是一个死，区别只是你自以为哪种死法更漂亮，注意，是自以为。

好了，如果说以上这些情绪癌患者的信息，是雨水过于丰沛的春天，那么还有一些则是直接进入大地龟裂的旱季。他们的心只有不断控诉，而没有情感。这就一方面显得很片面，因为单凭一只锅或者一只锅铲，是没办法炒出一盘失败的蛋炒饭的，另一方面就失去了感情基础这个源动力，给你个裸灯泡你试试看把它拉亮。

之所以把他们和情绪癌患者放到同一篇里，是因为大家都面对同一个问题：如何好好地讲一个属于自己的故事？

一个好故事，需要有人与人的互动，有各方的想法，有大量的事实细节，和适当的情绪。不然它就会变成独角戏，当下你是爽了，但是大幕拉上，即便是有那么些零落的低温的掌声，也无法给你安慰，更没办法让你在卸妆之后的步子走得不那么沉重。

因为你失去了逻辑，所以你即便讲出了很多所谓的事实，你还是不知道你面对的具体 bug 是什么。

嗯，最后我要说的是：如果你感觉很糟糕，那就好好儿梳理一下眼下的这段关系，好好儿讲个故事吧。**坏情绪既不可能凭空产生，也便不可能凭空解决，请运用你的逻辑，找到那个让你产生坏情绪的现实生活中的真实 bug，端掉它的老巢，才算斩草除根。**

祝大家的好情绪，能春风吹又生。

别再为他心不在焉的暧昧暗暗欢喜

当你成为两个男人争相抢夺的对象，而两个你都割舍不下，你的心理会是什么？嗯，纠结，那当然也是肯定的，但你不要告诉我你一点暗喜都没有。但暗喜过后，该怎么选，甚至选不选，就是个技术活儿了。

女读者 Era，本来有一个交往多年的同事男友 A，正在谈婚论嫁时，她却被派往外地公干。接下来就佐证了我“异地恋没有好下场”的观点，与同去的另一个同事 B（你懂的，这就意味着不仅是三角恋，还是更惊心动魄的圈内三角恋）渐渐产生暧昧。她的如意算盘本来打得很好，外地暧昧，回家结婚，两不误。可是人算不如领导算，男友也被派来了，于是 B 受了刺激，不肯再暧昧，而是要表白，然后 A 也适时地明察秋毫了一切……现在该剧的矛盾冲突已到高潮：“A 将我们多年的回忆写成日志，只给我看；B 则写了一份几千字的计划书，计划我们今后的生活。一个月了，我两边都难以取舍，难以断绝。”

她当然是要问我选哪个，我则当然劝她两个都不要选。原因有二。

一、你犹豫太久了。这样的选择题，一月太长，只争朝夕。一天内选，男人会狂喜，证明他在你心中分量之重，已到了独一无二的地步，此战拼赢的是爱情；一周内答复，男人会喜悦，你思量良久，虽然佐证了他还不是你必须得之而后快的人，但你最后选了，至少代表你认为他可持续发展的前景是广阔的，此战拼赢的是综合素质；但一个月了……可能还是会略喜吧，但无趣可能更多。谁不知道，这就意味着，两个都是鸡肋，食之都还有点味，所以弃之总归是可惜的。

二、你真的确信，他们争的是你这个人？No，在我看来，他们爱的恐怕不是你，而是男人的尊严。A：准老婆这么轻易被人勾走，挖墙脚的还是同事，以后在公司，甚至整个圈内，他面子往哪里摆？所以岂会善罢甘休？B：之前明明只是玩暧昧，听说A来就急眼了，这可是赤裸裸的竞争意识啊！说不定他与A，原本在公司里就是竞争关系，现在只是从线上发展到线下。好吧，真爱，当然也是会有的，但冷静下来之后，你怎么可以保证，你在他们的眼中，不是个轻言背叛、水性杨花的女人？他们还会真心地信任你吗？而一份缺了信任的感情，又能走多远？

一定要知道，男人对女人曾经带给他的伤害，永远比女人自己记得更清楚，你今日的种种背叛与亏待，都是他日诟病的素材。

有人说，脚踩两条船的人，淹死是他们最终的命运。还是早日回头是岸吧！

张幼仪
不需要廉价的同情心

有朋友在微信上给我分享了一篇文章，叫《徐志摩真正高攀的那个女人》，说的是徐志摩的第一任妻子张幼仪。

张幼仪糟糕的婚姻史和她在职场上的励志故事，时常被拉到一个地方来讲，换汤不换药，标题越改越任性，实在让人无语得很。

糟糕的婚姻史是在德国被徐志摩几乎强制性地离婚，一直到晚年才再婚，励志故事则是离婚回国后，她先在东吴大学任德语教师，随后开办了上海第一家时装公司“云裳时装公司”，还出任上海女子商业银行副总裁。

后人加诸在张幼仪身上的定性很多，什么“最爱徐志摩的女人”，“被徐志摩辜负一生的女人”，现在又是“徐志摩真正高攀的那个女人”，真正是朴素到脑残的感情观，所以大家是想说什么呢？是说只要一个女人是个好人，她就必须得到男人的爱吗？如果一个男人不喜欢一个好女人，他就是个罪人吗？是说只要一个女人在事业上打败了男人，即便那个男人根本对她一点感情也无，根本就不 care 你这个人，也要自作多情说人家是高攀不起吗？

爱这种东西，难道是可以这么轻易放到电子称上称一称就一手交钱一手交货的？都这么方便了，那还让不让人好好当情感专家啦？

徐志摩不爱张幼仪，并非是因为她不好，更不只是因为她是“土包子”，他只是真的对她没有感觉。他爱的始终是风情万种的才女，如林徽因、陆小曼，而且到底女人有多少绝艳的“才”是其次，“风情万种”才是顶重要的，而这些，离了一次婚便一直孤单着，到了老年被苏医生追，还要给哥哥和儿子写信问可不可以的张幼仪，实在不具备这一种女人的风情。看看徐志摩在给陆小曼的情书中写的：“C（张幼仪）可是一个有志气有胆量的女子，她这两年来进步不少，独立的步子已经站得稳，思想确有通道……她现在真是什么都不怕，将来准备丢几个炸弹，惊惊中国鼠胆的社会，你们看着吧！”——他对她情感的顶峰，只能到敬重这一步了，他们真的既不爱也不合适啊，你让他怎么办？摊手。

看徐张的婚姻乱仗，和我看《匆匆那年》的感觉有相似之处。电影那么渲染陈寻和方茴“那年”的情义，可我却只有一个感觉：他们太不一样了，他们完全不合适，单纯靠着少年时代突然的心动，是支撑不了相处难的生活的。直到“我就是爱音乐”的沈晓棠出现，气氛一下子就协调了：这才对啊，他们才是合得来的人！即便和沈晓棠分手，陈寻也应该再找一个沈晓棠 2 号，而不是方茴。

为什么呢？因为徐志摩的离婚理由说得好——“小脚和西服不搭调”。

其实，大可不必为张幼仪鸣不平，她实在不需要这种廉价的同情心。在她的传记《小脚与西服：张幼仪与徐志摩的家变》里有两段话我印象很深："我一直把我这一生看成两个阶段：'德国前'和'德国后'。去德国以前，我凡事都怕；去德国以后，我一无所惧。""我要为离婚感谢徐志摩，若不是离婚，我可能永远都没有办法找到我自己，也没有办法成长。他使我得到解脱，变成另外一个人。"——其实按现代的观点来看，她根本就是那种爱情神经本身就不大敏感，所以更不会把情爱之事看得过重的大女人。这样的女人，稍一觉醒就会了解自己，噢，原来我生来志不在此。

这才是她更值得借鉴的人生。

我是一个春天的花朵，
就长在一个春天里

看崔健导演的《蓝色骨头》时，我一不留神就包场了。2000万元的票房目标看来都不大容易啊！

实话说，片里的爱情故事，并没有给我多少感动。因为人在世上活久了，多数时候就是活得一个不得已，所有的完美都是还未戳穿的谎言，反倒是求而不得更显真实。而且我已年过三十，渐渐学会宽以待人，宽以待己，宽以待命。

倒是豆瓣上的一个短评深得我心："这片最棒的一点是，讲述了每个独立个体的生命体验，而没有用关系去定义人生。"

我觉得很多人，首当其冲的是我自己，时常漠视自己身为一个独立个体的生命体验。

特别是在很年轻的20多岁。

那时候，我并不知道我自己要什么，什么又适合我，我的心沉不下来去好好和自己谈谈，更谈不上去跟这世界谈谈。于是，我只能盲目地复制别人的经验，即便别人的经验也并不一定属于自己，

第一辑

如果那些付出和改变，让你变得更好了，那难道不是爱情给你的最棒的馈赠？爱情来过一次，绝对不是像风吹过，只是一场空欢喜。

爱情拯救不了
你的寂寞

有一个女读者，每天花一个小时练瑜伽，一个小时阅读书和杂志，每周去看一次电影，吃一天全素菜，每月一次短期周边游，每年一次出国游——她拥有教科书一样的健康生活。按理说，她应该是积极、知性、中国梦的代名词，可是，她依然非常非常不快乐。为什么？

跟她聊天之后，我发现了她的秘密。

秘密就是：尽管她过了那么多所谓的健康生活，但是，那只占用了她不到十分之一的时间，剩下十分之九的日子里，她对远距离恋爱没有信心、内心充满了对某位同事的憎恨。也就是说，她的主导精神状态，不是那看起来健康无比的十分之一，而是这软弱、负面的十分之九。

而一个人到底是什么样子，是由主导的精神状态决定的。

一个江洋大盗，不会因为他每月十五抽空去佛堂忏悔一次便成为一个善人；一个生来就个性软弱的人，也不会因为闭门读了几本《唤醒心中的巨人》之类的励志书籍而成为心理上的姚明。

万有引力法则，对同样属于自然界一部分的人类同样适用，你的习惯、性格，自然会“引”来与之匹配的境遇、经历。所以，怎么能指望一个十分之九的时间花在抑郁、担忧和憎恨中的女人，能靠练几次瑜伽看几本时尚杂志，便拥有灿烂美好的生活呢？

从现在开始，不要把时间花在那些表面功夫上了。不要指望健身房的次卡能给你健康的体魄，习惯步行和坚持合理的饮食习惯会让你无形之中收获更多；也不要指望爱情能拯救你的寂寞，一个不懂得取悦自己的人，复杂的两性关系只会让你感觉更加软弱。

正视自己性格中的阴暗，并努力改善，让它朝阳光的一面发展吧，你拥有什么样的人生，由你自己决定。

我们不能拒绝伤害，
但至少可以拒绝受制于伤害

很长一段时间，我习惯把爱情分成好的爱情和坏的爱情。我认为，好的爱情是有营养的，让人变得积极向上；而坏的爱情，无异于爱上一场可预知的灾难。

可最近开展自我批评，觉得这看法实在有点浅薄，因为我几乎同时听到两个过程极其相似，结局却截然不同的故事。

大约都在半年前，A 女的男友劈腿，爱上了 A 的室友，B 女的男友也劈腿，爱上了 B 的姐妹淘。

A 女搬出了寝室，可没办法抹平伤害，恰逢大学行将毕业，工作却还没有着落，她开始夜夜笙歌，把买饭的钱全拿去买酒，结果，胃穿孔。捡回一条命后给我发邮件，第一句话就是“他毁了我的一生”。

B 女当然也愤恨难当，当友情与爱情携手离去，她的心空落落的。如何填补？她选了看起来最笨却最有用的一种：学习。什么都学，英语、跆拳道，甚至京剧的丑角。

结果是：A 的半年，只收获了一颗烂胃和一副苦大仇深的心肠；而 B，虽还谈不上拥有了云淡风轻的心情，但她至少收获了强健的体魄，而且，英语为她的职业前程提供了不错的助力。

人比人得死，货比货得扔。

所以，你看，爱情其实没有好坏，区别在于你从爱情的哪一扇门走进来或者走出去。

同样的一段情，有人在其中迷失，有人却能找到斗志，有人没了爱便自觉天下人负我，有人却懂得：只要自己不想倒下，任何人都休想毁掉我的人生。

其中根本的区别在于：你选择将人生的悲欢都交付与他人，还是不论付出多少感情，都能牢牢掌握自己的命脉。

——我们不能拒绝伤害，但至少可以拒绝被伤害控制。

只有眼泪被看到，倔强才有意义

有个女孩最近失恋，变得非常多疑，给我的信看起来简直像有一百个问号那么多，她说：“新女报不是一直教我们要独立，不依附男人，不要轻易在男人面前哭？可是，为什么他现在觉得我太坚强，太不像女人？”“当然失去他我并没有多可惜，因为我不会爱不懂欣赏我的人，对感情我向来拿得起放得下。可我有时还是会迷惑，我到底是要继续顺从内心做一个独立大气的女人，还是要迎合这个社会做一个娇滴滴的小女人？拜托不要告诉我必须做后者，好难！”

我想，我首先应该申明的是：我应该没有告诉过你们“不要轻易在男人面前哭”吧？那应该是围脖教你们的事才对啊，诸如“你看不到我的痛苦，就像你看不到鱼的眼泪”“怎么才能不哭？抬头，看天，就好了”。而我？我是那种泪腺不发达所以一旦感觉“啊要掉粗来了掉粗来了”就一定要赶紧哭给男人看的死女人，我怎么可能说不要让人看到！

很多女人喜欢“倔强的眼泪”（我也喜欢），但你以为那些倔强的女人都不想让心爱的男人看到自己哭，那你就被骗了，她们只是不放任自己全线崩溃，再悲伤也记得偷偷擦掉鼻屎把刘海儿拂正，因为她们很怕丑，她们找准了男人爱意的临界点，差不多就是秋香姐，多一分就是石榴姐了；抬头望天强忍眼泪，唉，那只是不想花了一个半小时画的眼妆花掉罢了，你不要这么天真——只有眼泪被看到，倔强才有意义啊，否则哭了两公斤就像大姨妈来了18天，多有个毛用啊！

好吧，巴拉巴拉一大堆，最近的一次饭局也许更能解决核心问题：女人的强与弱。那天有个年长的女友说："女人就是弱者啊，男人就要保护女人啊，我才不要顶半边天呢，我顶不起半边天。"逗得一桌男女哈哈大笑。

能够把"我是女人嘛你要保护我"轻轻松松挂在嘴上说的女人，往往内心很强大。比如这位女友，虽没赚什么大钱，但在她的领域绝对成功，老公又爱她，关键是心灵自由，玩儿得潇洒，她时常说的一句话就是："我这辈子都在踮起脚尖玩儿，玩儿得太够本儿了。"

一般来说，表面强大内心也强大的女人或身居高位或赚了大钱，会被崇拜，但很难被爱；

表面强大内心软弱的在家里咬着嘴唇扎小人，面上hold得久了，久了便撑不住，而且，其实谁都知道你玻璃心；

表面软弱内心也软弱的呢就不用说了，一般早早结了婚在给我们写信。

只有像她这种，表面软弱内心强大的女人，过得最舒坦，也最精彩。

因为纯粹的软弱，是没有价值的，只有基于强大的软弱，才有价值，它会让你不仅拥有女性的魅力，还能让你拥有选择权，前者令你被爱，后者令你不可小觑。

这强弱当中分寸的拿捏，大家慢慢学吧！

婚姻绝对不是长久的忍耐

从前，我也曾经很信奉“婚姻是长久的忍耐”，但是越来越多的真实案例又在不断刷新我的认知：需要长久忍耐的婚姻，真的会长久吗？

第一个读者：和老公认识之初就觉得他太不求上进，工作是做一天和尚撞一天钟，周末就是没日没夜打游戏。周围朋友都劝她：至少人老实嘛，宅男最大的优点就是不会出去晃啊，找个太求上进的，不知道多少女人虎视眈眈。她想了想，好像没什么不对。6 年后她离婚了，她说如果婚姻的价值只是“安全”，那一个人过可能更安全。

第二个读者：老公什么都好，赚钱利索，也顾家，但就是不爱干净。晚上不洗脸、不洗脚、不刷牙就上床睡觉，最奇葩的不刷牙理由是：“我早上刷过了呀！”他甚至觉得是她的问题：“你就是个洁癖！”7 年后，她决定离婚，她说自己已经好几年没办法跟他○○××了，心理障碍太大。

第三个读者：在跟老公结婚时不是没有犹豫过，因为她发现老公太长情，分手几年的女朋友，都已经是别人的老婆了，他还会在某些个属于他们的纪念日时，写如丧考妣的空间日志，配着披麻戴孝的伤感情歌。她抗议过，但他的理由太洗脑了：“提醒自己曾经错过，就不会再给自己机会错过你。”简直是烟火版张嘉佳。最后呢，没过 3 年，她就撑不住离婚了，因为老公已经从写日志过渡到时不时跟前女友喝下午茶了。她说再这样搞下去她要看心理医生了。

一开始她们都以为，心字头上一把滴血刀，忍一忍就会雨过天晴，但日子过久了才发现，太高估自己的柔韧性。最开始不能接受的，到最后还是不能接受，忍无可忍无须再忍。有多少人能心甘情愿活成一个面团呢？

在择偶这条路上，我们被环境牵制太多。在我们内心发出“我不要这样”的声音时，一旦环境开始对你说（环境一般会借助亲朋好友的嘴巴）“他不错啊，是你要求太高”，我们会第一时间反思“是不是我真的要求太高”，接下来你会暂时捂住你内心的嘴巴，而去极力调整自己，以争取做到环境内的最好，但其实这难以动摇你的根基。特别是当激情不在，当“适合”变成婚姻最重要的基石时，你会发现你内心的嘴巴突然开始失控了，它不愿意再被迫失语，它无论如何也要发出自己的声音。于是，看起来突然但一点都不突然，一直被牢牢压制住的那条小裂缝，变成了马里亚纳海沟。

所以，现在有读者问我关于是否结婚的问题，我都会确认他们真正的内心感受：对那些你们在亲密关系中面临的一个个 bug，你是真的做到了主动地接纳，还是只是被动地忍受？

每个要结婚的人不妨都认真地问问自己这个问题。如若答案是前者，那就太棒了，你终于成为更宽阔的人。但如果只是后者，那么我得提醒你：**婚姻不是长久的忍耐，长久的忍耐最后只是个离，或者成为比离更痛苦的婚姻困兽。**

允许别人有
不再爱我们的权利

每到年底，各界就流行盘点，我也想跟个风，于是借着一个失眠夜，把这一年写到我邮箱里的信，大致翻了翻。

然后我发现，遍地是分手——预谋分手、拒绝分手、闹分手、已分手……恋爱要算八字配星座，结婚要看老皇历，生孩子要挑日子动刀，只有分手这件事是百无禁忌的，一年365天，天天都是分手的好时节。

分手的人们大多会说：我知道我暴躁，我知道我太黏人，我知道我不上进，我知道我太爱哭，我知道我口不择言，我知道我多疑……可是如果以为大家在忏悔就太一厢情愿了，因为你马上会看到差不多的一句："但是，TA遇到我的时候，我就是这样啊！"

当然，一个人不爱另一个人了，总是有诸多借口的。就像亦舒在《爱情之死》里写的那样：当一个男人不再爱一个女人，她哭闹是错，静默也是错，活着呼吸是错，死了还是错。

可是，爱不是谴责就可以挽回的。爱是不受控制的，不爱了也是一样。所以，我一直认为，要允许别人有不再爱我们的权利。被人甩固然可恨，但若因此死缠烂打、装疯卖傻，只会让人更觉得决定正确。

爱过的人都懂的，有时我们选择一个人，不过是当时当地，贪恋他击中你心的那一点好，而那些更多的不好，以为自己终有一日能忍到习惯，却总是高估自己的耐力，而低估爱的脆弱和时间的漫长。

何况，既然明知自己有那么多不好，为什么不曾想过要改？

所有的情感专家都要大家爱自己、接纳自己，我也熬制过类似的鸡汤。这会让那些不自爱的人学会爱自己，但有时候也会物极必反，对于很多人来说，是否这已变成一个自甘堕落的借口？

为什么要爱和接纳一个讨人厌的、不可爱的自己呢？爱与接纳，难道不应该只是一种找到自信、让你看清自己的好与不好，从而让自己变得更好的途径？

爱与接纳，和自由一样，都应该是有限度的，那个限度叫准则，叫是非观，叫人生追求。如若没有限度，它们便只会让我们成为只会说“我就是这样”、将无知当个性的自恋狂。

而没有成长的爱情，永远都在吃老本儿的爱情，只能靠“人生若只如初见”活着的爱情，会缺氧的。让我们都变得更好，可好？

青蛙王子
是一个荒唐的童话故事

被一个你以为永远不会抛弃自己的人抛弃的感觉是什么样的呢？女读者 Bertha 说，就像你好端端在路上走着，突然被人拎起来，挂在街心的苹果树上。你知道自己应该不会受伤，你也没有哪里特别痛，但是姿势太让人难受，也太难看了。你觉得每个走过苹果树的人都在笑你，即便有的人真的只是在看苹果。

Bertha 的男朋友，从来不被人看好，因为不论从外貌、家境还是收入，都令人觉得不般配。但是，他对她表示好感时，她还是马上就同意了，她没有感觉特别爱他，只是觉得他人老实本分有上进心。在最初的一两年中，她也的确享受着公主一般的待遇。她从来没有想过有朝一日他居然会告诉她：我喜欢上别人了。

听到这个故事时，我第一时间想到的是曾看过的几米的漫画。青蛙跳上正要沉没的月亮，忧伤地说："怎么办？美丽的公主就要亲吻我了。""你不想变成英俊的王子吗？？"月亮不解地问。"但愿这不会真的发生！我希望它只是个荒唐的童话故事，因为我还是比较喜欢我的癞蛤蟆小女朋友。"

这样想来，青蛙王子真的是个荒唐的童话故事呢，美丽的公主将亲吻当成恩赐的时候，似乎真的没有问过青蛙的意见。她完全忽略掉，青蛙也有青蛙的准则，它也是有心的。

而相比她被青蛙抛弃的恼羞成怒，我更关心的是，为什么这样一个公主，会刻意选择一个青蛙呢？

然后不出所料的是，她自信的外表下，有一颗自卑的灵魂。妈妈跟人私奔，爸爸早逝，在妈妈回来接她之前的那两年，她跟随潦倒的爷爷生活，为了像别的小孩一样吃一根雪糕，她甚至去捡过饮料瓶。即便后来跟妈妈过着优渥的生活，但她的心里始终有一块挥散不去的乌云。

她太需要安全感了，她渴望更好的男人，但她心存惧怕。于是，她一边幻想着自己可能拥有的更好的生活，一边带着些些的鄙视和不满过着公主和青蛙的日子。

作家史铁生说：此岸必须是残缺的，否则彼岸就要坍塌。Bertha选择的就是一个残缺的此岸，她并非真的享受这个残缺的此岸，而是为了保持幻想中的那个不坍塌的、美满的彼岸。如果她真的奔向彼岸，却发现自己根本无法拥有，甚至因为心中的自卑感，连靠近都恐惧得挪不开步，那对她来说，才是真正毁灭性的打击。

所以，**很多梦想本来就不是为了达成而存在的。它只是高悬在彼岸的小橘灯，能够让我们在此岸沉静的孤独的深夜里，远远地看着，聊以自慰。**

这个悖论，绝大多数人将背负终生，Bertha也一样。她的下一段恋情，也许还会是另一个青蛙，因为只有那样才不会令她想逃。我们只能希望，到那时她能走下两步台阶，和青蛙站在同一级上。既然选择了他，就把他当真正的王子吧！

不想活在穹顶之下，至少请假装信任

我以前一直觉得，太久单身的女人缺乏的是爱的技巧和一点好运气，但最近接触的几桩 case 渐渐在让我从另一个角度考虑问题，也许对她们来说，如何开始一段恋爱，其实是比恋爱本身更困难的事。

比如她，34 岁单身女编导，最近迷上某精英男，一个人的晚上是猛女想着第二天必须扑倒啊扑倒，天亮了就变石女，人家主动约她，她却连饭都不敢去吃。因为“我 9 年没谈过一个月以上的恋爱了，我不知道恋爱怎么谈，我不知道坐下来后跟他聊什么，我也不知道他是不是真的喜欢我，我对自己除工作能力以外的资本其实挺没自信的，我皮肤差，妆都不会化……我知道这样想挺丢份儿，但有时我真的想要不这辈子就一个人过算了”。

这就是为什么我觉得“开始”是更难的事。恋爱了，走不走得到最后，那是缘分决定的事，而长久连“开始”都做不到，那也许证明你的心态、你表达爱的方式等等，真的出现了一些问题。

总结和她相似的案例，我觉得，无法好好开始的人们，是因为心里的包袱太重了。这个包袱名字叫怀疑——对自己、对他人、对爱情的不信任。

我曾组织过一次叫作“我很好，但我为什么没人爱”的读者下午茶，但我想，部分来参加的女读者，未必真的有那个自信觉得“我很好”。否则，不会在别人表示好感时第一反应是逃避，不会老将“我一个人也可以过得很好”挂在嘴上，也不会只在面对同性时侃侃而谈一见男人就哑巴，更不会将“这个世界到底还有没有真正的爱情”当成哥德巴赫猜想——换了我就觉得，这个世界有没有爱情跟我有什么关系呢？我有爱情就好了啊！

有位男士曾开玩笑说，女人单身久了，越发感觉啥都靠不住，于是人生就只剩五个字“女人当自强”。而总是不那么想自强的女人，却嫁得又快又好，或者也爱得一波儿接一波儿，风生水起的。我有个女朋友从初中开始就没断过恋爱，她 20 岁时的口头禅就是“没有男人我会死”，你要跟她说女人当自强，她一定会哈哈大笑：为什么要自强啊？有工作，有爱好，有男人，享受生活才是正经事嘛！

所以，单女们别对自己要求太高，活得洒脱一点吧，不要害怕承认我们一个人的日子过得真没那么好，这个一点都不丢脸。孤独本来就是人类永远无法习惯的，因为一个人的日子体现不出我们活着的价值，只有将情感作用于他人，并得到反馈，我们才能感觉到温暖。就像流动的水才会有生命，而很多单女的生活就像公园里的人造湖，造型奇特的假山，修剪极美的植物，四季芬芳的鲜花，都无法改变它的本质——它没有生命力，它只是一潭死水。

即便不信任，也至少先学着假装信任，勇敢地跨出那一步吧，不然，你会永远活在隔绝幸福的穹顶之下。

温柔
的力量

写这篇稿子来源于我的同事王小毛给我的灵感。她从学生时代便是《新女报》的读者，后来变成这份陪伴她成长的报纸的一员，并从记者成长为主编。她说，从前自己总想做强势的大女人，但近年来越来越觉得，做一个温柔的女人反而更能生活得游刃有余。

然后，我将我身边的每一个女同事，从女老总到编辑记者、美编、校对、摄影记者……全部扫描一遍，我发现，她们跃入我脑中的形象都有一个共同的特点，那就是温柔的笑脸。

她们每个人，都在身体力行地善用女人特有的温柔的力量，而这一点都不影响她们的精明强干，反而是一个很大的加分。

比如，我们的两个女老总，她们总是有商有量、笑语嫣然地和属下讨论和交代工作，这会让她们失去威严吗？不会，只会让所有的工作更顺利地推进。因为被善待的人才会懂如何善待他人，更因为这种温柔背后，有能力和自信在支撑。反观曾遇到的一个女读者，手里管着七八号人，已经每天心力交瘁，她怕属下因为她是女人而看轻她，便总想着控制，结果反而越来越失控。而且，过于冷冰冰的强势增添了阳奉阴违的概率，工作几乎无法正常推进。——从这一点来说，温柔是职场女人的武器，更是需要修炼才能达到的境界。

很多职场新人都有“人善被人欺”的误区，似乎强势就是护身符，其实强势远不如内心的强大加上温柔的外在有力，当你有原则，有底线，有能力，有自信，那你的善良和温柔就不会被人欺，而只会被人尊重和尊敬。

当你因为给对方添了麻烦而道歉时，她温柔地回答没关系并协助你解决难题，你会因此看轻她吗？不会，你只会想着，对这样一个温柔宽大的人，你下次一定不要再给对方添麻烦才对。

在感情中，温柔更是法宝，同样一句话，用不同的语气和表情来表达，效果千差万别。

女人如水，是上天赐给女性的天赋，水是温柔的，同时水是最百折不挠、最有力量的，它并不懦弱。它不正面交锋，它只是温和地、坚定地绕过最坚硬的障碍，以柔克刚，以静制动，最终润物细无声地达到目的。

如果从前还需要女性来彰显强势，那是因为时代所迫，有翻身仗要打。但是在现代社会，无论在职场还是情场，没有人愿意再做“长工”，大家追求的目标不再是一个铁饭碗和一个长期饭票，而更需要快乐和成就感、自信感，所谓“有钱难买我乐意，有钱难买我开心”便是这个道理。

且让内在与时俱进，让本质回归本源，这就是温柔的力量。

第二辑

有时候我们太急于要找我们的完美结局了，我们没有学会怎么去看懂暗示，怎么去区分哪些人想要我们，哪些人不想，怎么去区分哪些人会留下，哪些人会离开。

他其实
没那么喜欢你

女 1:“交往快四个月了，逛街、吃饭、看电影，走路也会牵手，也会上床。看起来好像跟所有人的恋爱没有什么不一样，但我就是觉得分明有哪里不一样。最后我知道，是热情。他知道保持恋爱关系应该做什么，他也就那样做了，而且做得很不错。但是——就是感觉没有热情。我跟他讨论过，问他是不是不喜欢我，他说不是，他说可能因为他就是慢热型的。”

女 2:“除了想要嘿咻的时候对我很热情，其他时候，除了上班就只知道宅在家打游戏,微信经常是隔很久才回或者根本不回,问他，他说没有看微信的习惯，但是发短信也是照样不怎么回。约定的每半个月看电影也是不太积极。要说他对我不好吧，和他闹分手他也会很着急。他说他只是习惯了一个人的生活。”

女 3:“恋爱 3 年，结婚 1 年，越来越想离婚了。之前的生活单独来看，已经很让人满足，给钱很大方，走哪儿都愿意带着我，sex 也正常，也会坚定地说喜欢我。但是，恋爱的时候我就知道，他一年总有那么些天，还是会发一些奇怪的朋友圈或者微博，那是他和前任的相识纪念日、分手纪念日、她的生日……结婚的时候犹豫过，但还是结了，因为我不想失去他。但是现在他们已经发展成时不时要见面的关系，发生过什么我就不得而知了，不敢去问。”

她们问：这是为什么呢？他明明说是喜欢的啊。

我觉得吧，说是喜欢也是真的吧，谁会跟自己完全不喜欢的人在一起呢。但是，就是没有“那么”喜欢啊。

几年前曾经看过一部美国电影《He's just not that into you》(《其实你不懂他的心》)，其中有一段独白：“有时候我们太急于要找我们的完美结局了，我们没有学会怎么去看懂暗示，怎么去区分哪些人想要我们，哪些人不想，怎么去区分哪些人会留下，哪些人会离开。”说得很好，但我其实觉得编剧还是太仁慈了，其实我们不是没有“学会看懂和区分”，我们只是在那一段时间里，太舍不得某一个人，太想要继续维持某一段关系，于是选择对那些暗示，甚至明示，视而不见。而且，其实我们并没有“急于找我们的完美结局”，我们早已知道结局不会完美。只是得到的欲望超越想要得到的真相。

我曾经写过一篇文，叫《哀莫大于心不死》，说的是总有那么些时候，你明明知道前路既阻且长又无望，但最后一刀还未落下，你还未心死，便只能无法控制地继续向前。我非常能理解人的这个弱点，我觉得，没有一个人是专门为了做一切所谓“应该做的事”和“正确的事”而活在这个世上的，这就是为什么会有那句网络名句“我们听了很多道理，却依旧过不好这一生”。

所以，如果你暂时做不到快刀斩乱麻，不妨就随波逐流吧，赤裸裸的真相你总会知道的，想想我们从小到大，所有别人没有告诉我们的关于生活的残酷真相，最后我们都知道了。因为时间是一片并不广袤的森林，你越往前走，就越走向稀疏的、避无可避的边缘。

当清冷的海风扑面而来的时候，你自然会知道，要走，和必须走，哪一条路。

让我们聊聊
“找下家”的“主体资格”

33 岁的女朋友 L 最近离婚了，谈到离婚后的遭遇，她眼睛瞪好大：“时时刻刻在刷新三观，简直可以写本书。”

首先是发现，原来有那么多人都在粉饰太平啊——从前觉得是婚姻样本的，一个听闻她离婚，马上就求咨询：“请传授我不闹上法庭就能顺利离婚的经验。”另一个听到消息就哭了：“我谁都没敢告诉，其实我们分居三年了……”基本上是已婚女人集体点赞的节奏。她成了太太团里的小白鼠，每个人都躲在不快乐的暗处，等着她翻山越岭去寻到个日出。

然后，是如雪片般飞来的朋友圈加好友——有个热心过度的女同学，耗尽了自己的人脉，给她寻来一大帮单身高富帅，遍及世界各地，甚至还有秘鲁人和犹太人！她一个都不加，女同学急了：“你到底要个啥？”她嗫嚅着说：“要那种我崇拜他，而他欣赏我的，最好能内秀一点……”女同学龇牙咧嘴跳起来：“内秀？！有钱就好了嘛，你以为你才 20 岁吗？！”

最后来了关键。有一个男朋友和一个女朋友都认为她不该离婚，男朋友把新近大热的日剧《昼颜》拿来做教材：“找个情人就好了呀，看看人家，自从有了婚外情，婚姻就稳固多了。”女朋友则像看到了外星人般差点惊掉了眼睛：“什么？没有下家？你居然没有找到下家就把婚给离了？”

她顿时整个人都不好了。直到约了另一个正在暗处纠结离还是不离的女朋友 M 喝茶。

M 说，她曾经也有过想找个下家，或者干脆婚外情的念头，也真的遇到了那个人。他们互相喜欢着，但要进入实际关系的时候，两个人都退却了。“因为做不到。”她无奈摊手，“我们就是那种传说中的道德枷锁很重的人啊。”M 是做法律工作的，可能因为专业的关系，她最看重的，就是“主体资格”，不管做啥事，你总应该有资格做才对吧？不管你喜不喜欢自己的另一半，总归婚姻的基础就是忠诚。所谓找下家，是有了找下家的主体资格，才能办的事。

这次不成功的婚外情，最终止于云淡风轻。她感激他守住了双方的底线，这也让她对市面很多奇葩的言论不屑一顾，比如“男人就是管不住下半身”，她说：“男女都是一样的人类，在欲望面前，没有男人和女人的天性差别，只有‘有道德’和‘没道德’的区别。”

这是 L 离婚之后，收到的最棒的正能量。L 和 M，她们是一样的人，因此完全能互相理解。不管这世界变成怎样的疯狂，她们就是要活得心安，活得坦荡。

画下一个句点，move on 就好。期待吧，总有一天，会有一个人走进你的生活，让你明白，为何你和其他人都没有结果。

重口味小白兔
你会被姐姐们整死的！

有位小读者问我：姐姐你每天听那些狗血的故事，很累吧？我当然趁机表功，感叹姐姐我入了这一行，真是鞠躬尽瘁，身不由己呀！但其实呢，我还挺爱听狗血的故事的。以前看过一篇文，说有好几个职业必然要具备一定的心理变态才能从事，其中就有法律——我的老本行，当然还有我现在的工作——记者……也真是够了。

好吧，现在，我又要开始讲狗血的故事了！

这次是个男的，单身。他爱上了一个女人，做了她的隐身情人。你懂的，情人的法则就是：情人不是你想见就能见的，时间地点全得由对方做主。但是呢，隐身的原因，不是她是上司，也不是她已婚，而是，她同时是一个已婚男人的情人。她风情万种，胸怀大志：一定要上位，即便不能，戳散也是必须的！

我一听就觉得不靠谱，我说，她段位太高，你段位太低，这游戏没法玩啊，赶紧地，撤吧！他却坚信她还是至少有那么一点爱他的，不然怎么会发生关系？不然怎么会在他肩头哭泣？他甚至想拯救她，他说，那个男人不是真心爱她的，她怎么就不明白呢？

听到这样珍贵的小清新，不知道那个女人会怎么想，反正我是顿时各种心酸，各种无语。

再来看看他的背景：家教严格，理工科，年近三十没恋爱过，情场小白兔一枚。好不容易爱上一个人，居然是个“高手”。是的，他真是倒了大霉了！

要知道，高段位的女人和低段位的男人在一起，只有两个可能，第一：她想从良了，要找个能掌控的男人过小日子；第二：她与高段位的男人过招累了，需要暂时歇歇脚。第一种当然不适用她，而你必须接受的现实就是：你真的只是一个她歇脚的地方。不管黑暗还是光明，她的前途都在远方。

不要妄想拯救她，女人只会被自己想要的爱情拯救，而且，她将别人的人生如此不当回事，“爱情”应该不是她真正会懂得的词语。

身为小白兔的你，不要太重口味了，你会被阅尽千帆的姐姐们整死的。还是找个善良淳朴的姑娘，谈一场小清新的恋爱吧！

承认自己的不完美，没那么可怕

在我开始写这篇文章之前，那个离家出走却最终无处可去，只有屈身于网吧找我诉苦的女人，刚刚灰溜溜地回家去。

她离家出走的原因，是她觉得，老公不爱她了，证据是：她开会迟到超过半小时，被通报批评加罚钱，委屈得找他哭诉，他却说这是她的错：塞车？你第一天上班吗？不知道什么叫早高峰？领导脾气坏？知道坏就更要谨言慎行嘛……感觉受折辱的她，义无反顾地选择跑掉，结果出了门就后悔。

从这件事中，女人们至少应该学到两个离家出走的要点：第一：要观天象，万不可选择倒春寒的风雨之夜；第二：要带钱包，否则，沦落到裤兜里的零钱居然不够你走出方圆五百米，连网吧都只能掐着时间生怕泡过了付不起账……真的伤不起啊有没有！

而我更想探讨的，是看似与此无关的东西——男人的谎言。

有很多人问我：为什么男人爱撒谎？为什么要撒一些明明不需要撒的谎？有个男人，甚至连中午吃面还是吃米饭都要撒谎的，于是他女友总结出一套规律：如果他说他在吃面，他必然就在吃米饭，反之同理。

再回头看这个离家出走的女读者的故事，你是否开始有和我一样的感觉？每个撒谎的男人背后，必然有一个鼓励撒谎的女人。

女人常常在不知不觉中，逼迫男人说谎话。因为女人需要无条件被宠爱。即使是这世上最人憎鬼厌的泼妇，她也希望男人说："你是对的，你是好的，他人对你不敬，皆因嫉妒你的美貌……"

黑白颠倒，是非不清，有何所谓？不说出我爱的，我想听的，就不要怪我了，老娘要发飙，要搞事，还要离家出走。

可是长此以往，男人就会觉得：女人的世界是没有是非的，或者说，女人是不在乎是非的。所以，跟女人争什么呢？真话不如漂亮话儿，一个生气的女人，才是这世上最可怕的物种。

于是，他们揣摩出了一整套讨好女人的方法：不论是非对错，她想听什么，我就说什么。有的人是因为傻气，有的人则是把这个当成了胡搞的挡箭牌。二奶的私生子都上小学了，他还可以恬不知耻地说："不是我存心骗你，我还不是怕你生气……"当撒谎变成了习惯，女人这时才惊觉恶果，已经太晚了。

所以，爱听谎话的女人，才是撒谎男的幕后推手。是女人亲手造就了一个个满嘴谎言的男人，然后，稍不留神就将被这个我们造就出来的暖男毁掉。

从现在开始，女人要开始知道：承认自己的不完美、自己的错误，没那么可怕，而清醒地认识到自己的价值，也远比得到男人虚无的肯定更加重要。漂亮话儿当然是要听的，但是一个男人如果只会说漂亮话儿，那你就得当心，可能他真的不是啥实诚人。

不要将诚实的男人赶尽杀绝，不要把自己变成养虎遗患的下一个。

爱错个把人算什么？！

男女的一个大差别是：男人只看得到现实，女人则永远不肯接受现实。

A 女，前男友劈腿之后火速结婚，现在娃都要生了，她还是“看所有爱情剧都要联想到自己，在街上遇到和他长得像的，就要哭”，朋友都说她傻、贱，她无辜地哀叹：“可是我还爱他啊……”

B 女，莫名其妙就“被小三”了，家庭背景、婚姻状况，全是精心编排的谎话，男人用烟头烫肚皮展开一次自我批评之后，再也不敢露面。B 却在短暂的悲愤之后，又开始等着某个夜晚他摁响门铃，因为“我还是爱他啊……”

是啊，你还爱他，但是，who cares？

前男友早已过上新生活，手忙脚乱买奶瓶奶粉尿不湿，等待宝宝的降临，绝不会因为你哭了几场就多看你一眼；破绽百出的已婚男，戏演不下去了，只有期待下一个青衣——他们早已向前看，雄赳赳地跨过了江。你以为只要你还在百转千回，这事儿就还没完，其实，早完了，是你不肯信。

没人在乎你那没有对手的爱情，那是个什么东西？对变了心的人来说，是纠缠；对欺骗你的人来说，是让他瞠目的执着：看好了，我只是个浑蛋哎，你怎么能笨到这个地步？

当然，笨蛋是不觉得自己笨的，比如 B 女，她很不服气地说：“我不信这些事情你都没有遇到过！我不信你没有蠢过！你和我们都只不过是一类人！”是，我当然也蠢过，爱错个把人算什么？！年轻时总要经历一点荒唐事的，可是，迅速知道这只不过是个错误，像扔掉拌了死苍蝇的凉面一样，坚决、迅速、毫不留情，并从此杜绝同一类型的男人，找到真正适合自己的爱情——这才是人与人的差距。

听过来人讲经验
不如听养生秘方

每当我们的生活出了事，是不是下意识地就想找个过来人，听听经验？

可是我觉得，“我是过来人”，不能直接等于“我有经验”。

25 岁的女读者小艾，原本是敢爱敢恨重庆女人的代表。老公出轨了，痛苦当然是必然的，但是，痛快哭了一夜，抽了一大包烟，第二天强撑着虚脱的身体却只对老公说：行，算你狠，离婚吧！

可是，闻风而动的姨妈坚决阻止了她。

说是姨妈，可从小丧母的她，是把她当亲妈看的。姨妈很善良，却是苦命的人，年轻时姨父很帅，还会拉手风琴，于是到处招蜂惹蝶。有一次还学人私奔，一走就是两三年。

她跟小艾相依为命，什么都不说，只时不时默默哭。等他两手空空、一身病痛地回来，她居然也只默默地给他开门，给他煮饭，等他吃饱了，哭着狠狠打了他一顿。然后，两个人就像什么事都没有发生过一样，一过就又是 20 年，居然日趋琴瑟和鸣，大有恩恩爱爱到白头的意思。

真是人生如戏。

可是，这样的人生，不是小艾想要的，所以，从很小时起，她就已决定，对待男人，一次不忠，百次不用。

真到了要付诸实践，姨妈却一次次阻止她，她说，男人都是那么回事，跳不动就老实了，女人忍一忍，日子也就过了，你看我们现在不是很好？

小艾动摇了，她对我说："有时觉得姨妈傻，有时又觉得她真是活出了禅意。她毕竟是过来人，经验之谈，我是不是可以听一听？"

正如开头我说的，我觉得，是过来人，实在不能等于有经验。就像一个女人被老公家暴，打了十几二十年，最后男人打不动了，两人抹上红花油、收拾好破屋子，开始好好过起了日子。——她的确是过来人，可她有什么经验呢？她只不过身体好，兼运气好，没被打死罢了。

而姨妈的人生，简直是另一版《姨妈的后现代生活》。一直被欺骗，一直被背叛，一直被抛弃，却只是哭，只是等，只是忍，最后居然还能柳暗花明。——同样，她虽是过来人，可她有什么经验？她只是软弱，只是好欺负，只是除了哭、等、忍，什么都不会罢了。甚至无法让人说她运气好，青春正好时被忽视，年华不再时守着一个搞不动的半老头儿，能叫运气好？只能说她身体好，心理素质也不差，没早早地被活活气死。把她拔高成人生禅意，那真是太抬举了。

哎呀，这样对比来一看，"身体好"真是制胜法宝咧！打不死，哭不死，气不死，你要怎样随你便，我身体倍儿棒，吃嘛嘛儿香！

再如果有此类过来人要跟你分享经验，不如让她直接讲养生秘方吧！

你要“稳妥的”还是“快乐的”活法？

一个稳妥但不快乐的活法，和一个快乐但不稳妥的活法，你选哪一个？

有位女读者就她哥哥的事征求我的意见，在她看来，离异的哥哥，虽年近四十，但好像完全没长醒。她希望哥哥能与她看好的某位顾家、同时也离异过的姐姐结婚，过稳稳当当的日子，但哥哥却只愿意和会让他“人财两失”的女人谈恋爱，两段爱情都未果，他却一点不想改变择偶方向。

亲人们总是希望我们有一个稳妥的生活，快不快乐不在他们的考虑范畴之类。因为他们过多地渲染了不稳妥的后果，于是很多胆小怕事的孩子也就遵旨选择了一个看起来最稳妥的人，可又有多少人会真的得到幸福呢？

所以，这位哥哥在感情上的坚持，尽管在家人看来不合时宜，我却觉得很好。如果他快乐，即便不稳妥，又怎样呢？我们的一生难道只是为了稳妥而活的吗？你觉得他“人财两失”是痛苦，也许在他看来，付出的本身就是快乐的。子非鱼，焉知鱼之乐？

没有什么比心灵的愉悦更重要。这句话，恐怕对太年轻的人来说，并不容易领会。因为年轻，所以想要的总是那么多，得到的却总是很少，每个毛孔都是欲望，哪能抽空顾念心灵？总是曾经沧海的年长之人容易看得开。

最近我身边一个40多岁的女强人朋友遇上了让她一秒钟变小女孩的爱情，她发现，原来爱一个人真可以想到他就觉得开心，会让你无条件信任他，让一切择偶观都灰飞烟灭。有朋友提醒她，中年女人还是要现实一点，至少要搞清他到底有多少钱。20年前的她可能会觉得理所应当，现在她却只觉得不可思议，爱就是爱，跟钱有关系吗？何况，姐姐又不是没有钱！

看得开也许是因为，不管美的丑的他们都拥有过吧。情窦初开时为少年的背影流过眼泪，恋爱正浓时为一次平常的约会试过20套衣服，新婚时为那个人做过不是太咸就是太酸的饭，后来慢慢地，开始为金钱打算盘，一言不合就用最伤人的话互相诋毁。感情这条路，他们走过最热情的夏天、最萧索的秋天和最寒冷的冬天，现在，当他们没有婚姻，不再年轻，**当他们拥有的物质越来越多，快乐却越来越少时，反而更容易领会最生机勃发、最坦诚、最妙趣的春天。**

总是有人说："你都离过婚了，干吗还不现实点？" No，正因为离过婚，才要"不现实"，现实的人怎么会真开心呢？如果再婚，不过是从一个牢笼进入另一个牢笼，那我们何必伤筋动骨？

你大可以回敬："世人笑我太疯癫，我笑世人看不穿呢！"

你要什么
什么就是真理

最近让我印象深刻的一封来信，来自一枚27岁的“超级宅女”，自称“遇到了历史上无法解决的、见仁见智的终极难题”，那就是：找个我爱的，还是爱我的？

她分别遇到了这两种人。第一个是她爱的，因为自觉无法掌控，所以果断地抛弃，最近听说对方已和别人闪婚，心下更是黯然神伤；目前这个正在进行时，是爱她的，一位“单纯透明得像玻璃一样的阳光男人”——听得我都忍不住要流哈喇子了，她觉得跟他在一起很安全，也很舒服，可始终不愿更进一步，因为“内心一直有一个荒唐的小理想：嫁一个我爱的，也爱我的人。朋友却都说这比嫁有钱人还难，认为我是在浪费青春。搞得我都不敢坚持了，真的就该接受他算了吗”？

我认为，终极难题之所以是终极难题，其实是因为人人都有自己的选择，以致失去参照性，没有一个标准答案可以用来让没主意的人从众。

或许，应该换一个思维了。我们该考虑的核心问题，并不是嫁给谁会更幸福，这就跟先有蛋还是先有鸡一样无解，而是，哪种人能够让你心甘情愿？

有的人，就要找个爱自己的，一丁点爱都不付出才会觉得安全；有的人，却偏要找个自己爱的，认为爱人是比被爱更高级的享受。这些选择无关对错，且背道而驰，但因为都能心甘情愿，结局可能一样幸福。结婚非得需要以爱的深度绝对平等为理由吗？No，你要什么，什么就是真理。

“超级宅女”的小理想——相爱，恰恰是最美又最难的那个真理，需要苦守寒窑、上天下海、掘地三尺的勇气和耐性。放着身边那么好一个“单纯透明得像玻璃一样的男人”不用，真会叫其他剩女恨得肝儿疼！何况，我觉得你早已爱上，只是你不知道，和一个男人在一起感到“安全、舒服”，其实那就是爱情逶迤而来的开始。

祝你们变成有情人，并终成眷属。

职场里那些
“气血两亏”的爱情

囿于职场的女人，最容易爱上的，除了上司，就是客户。爱上同级别的小咖？也有可能啦，不过女人天生更易崇拜强者，又极易被若即若离的感觉迷惑。所以，她们可能更倾向于把小咖们当成沙发上的猪头抱枕，可以短暂依靠，聊做慰藉，一到正主出现，便会光速弃之而去。你以为那是爱情？那是你太天真了啦！

但是，以为与上司和客户的暧昧也是爱情，貌似同样太天真了。上司问题在此不赘述，详见各网上论坛，血泪史生生不息，就像韭菜一样，割了一茬又一茬。单说客户吧，有个女读者爱上自己的客户，客户与她星星也看了，床也上了，情话也说了，最后生意做成，她问：“你爱我吗？”他被雷到了：“这是一个冷笑话吗？”她被羞辱得好久都无法聚拢元神，她不解：“我是真的爱他呀，难道现在爱情已经是这么可笑的东西了吗？”

好姑娘，爱情不可笑，只是你的爱情有点生不逢时，以致先天不足。地位不平等也罢了，又与薪水挂上了钩，如何让人产生信任？

没签单时，他认为：你是为了签下这个单吧？签了单之后他又会认为：你是为了签下我以后的单吧？无单可签时他还会想：你是为了借我的人脉，签更多的单吧？

你一日吃这碗饭，他就会一日把自己当销售狗。你再动心，他也不大能相信这是爱情，对他来说，这更像是生意的附带利益，类似于“返点返券”和“积分换好礼”。而且最关键的是：他绝对不会相信这些“好礼”只是他一个人的福利。

接受吧，男人的清醒和现实。无论他们再怎么人淫亦淫，他们对哪些情况下不能轻易产生爱仍旧有原则得很。对爱情和婚姻，他们永远不想冒险。

所以，职场里的有些关系，注定先天不足，后天失调，容易气血两亏死翘翘，咱们还是让它单纯一点吧。

你要的，是一个好人，还是一个爱人

小C控诉男友对她不好，不细心体贴，“病了一个星期，他也没打个电话，病好了去找他，他竟然连我病过都不知道”。粗枝大叶还罢了，竟然“好像喜欢上网上一个有男朋友的女人，有点想跟我分手”。可是即便这样，她还是不舍得，因为他是这么好的一个人——“一开始吸引我的是他的孝顺，还有觉得他善良，我们去逛街，路上遇到残疾的乞丐，如果有零钱，他总会给的，嘴里还感叹说太可怜了，虽然我觉得很多都是那种专门骗钱的团伙，给钱不值得。他对朋友也很讲义气，曾经把生活费都借给生病的朋友急用，结果那月吃了一个月的小面，吃到吐。”

在我还在读大学的时候，师姐们总是这样谆谆教诲：“判断一个男人怎么样，先看他对身边的其他人怎么样。”当年我曾深信不疑，可是不久便觉得，师姐们也是“假老练”，不过比我们多吃了一两年干饭而已。

话应该这样说才对：判断一个男人怎么样，当然也要看看他对身边其他人怎么样，但最重要的，还是要看他对你怎么样。

就像看比赛，比赛双方最重要，千万不要花大价钱买了票，结果光顾着看啦啦队了。比如小C，男友的父母、他接济过的朋友，甚至素不相识的残疾乞丐，都一齐跳起舞来动情唱起《真的汉子》，她就迷惘了。

他对全世界好又怎样？你要的是一个好人，还是一个爱人？

何况，我们身边还有一些看起来很好的好人，不过是没有主见、人云亦云的愚者，用极小代价博好感的奸猾之徒，不懂得拒绝的懦夫，我们要来干什么？竞评“五好家庭”吗？

爱情中的沉没成本

同事总结说，失恋后人有三种状态：一个是终年在原地哭泣，一个气到嘴歪只想骂人，还有一个一想到以后还会路遇对方就纠结万分。而这些，还只是至少一千万种失恋后遗症中比较正常的三种。

可以理解的，当你毫无保留地爱过一个人，每天想着他，自己穿烂货却攒微薄的薪水给他买名牌，为了见他，可以从解放碑走到沙坪坝，甚至还给他织毛衣！现在说翻脸就翻脸，当然不甘心，至少不习惯。人人都可能发出疑问：付出那么多，现在真的都不算数了吗？

是的，不算数了。修过经济学的应该都知道沉没成本（又称沉淀成本），它指的是由于过去的决策已经发生了的，且不能由现在或将来的任何决策改变的成本。这是经济界最棘手的难题之一，处理不好很容易导致两种误区：一是害怕更多损失从此不敢投入；二是对沉没成本过分眷恋，继续原来的错误，结果造成更大的亏损。

看到这里，你已经发现它同样很适合爱情对不对？是的，我们曾为爱付出的那一切的一切，青春、爱、时间、精力……就是一系列沉没成本，它无法改变，更无法收回，永远的，必须的。害怕会让你损失更多爱的可能性，而沉溺其中更是永无出头之日。

那哭泣者、心痛者、纠结者们该怎么办？2001年的诺贝尔经济学奖得主斯蒂格利茨教授是这样说的：“如果一项开支已经付出并且不管做出何种选择都不能收回，一个理性的人就会忽略它。”听起来弯弯绕，意思其实就是：沉都沉了，您就赶紧走吧，别舍不得啦！

我想，除了忽略它，我们是否也应该把爱情沉没成本作为下一次决策的参考资料？每一个栽过的跟头，每一个曾爱过的傻×，都在提醒我们：犯过的错误不要再犯，搞不定的人不要再碰。

蹦蹦跳跳走着走着却撞了南墙，当然是有些丢人的，但是，即便是灰溜溜，你也得试着回头。不然怎么样？要任性地搭个帐篷住下来吗？

市侩的人
不配拥有真心

收到两个大学生的来信。

1号大学生，因为还有半年就毕业，所以正式拜见了男方父母。男孩子是单亲，所以很希望女友能帮妈妈打打下手，也不过是择菜洗碗之类的小事，却被女孩骂了个狗血淋头，她跟我说："我凭什么要讨好她？我妈生了我，不是去给他们家当小保姆的！"

2号大学生，才19岁，刚刚大一。新近谈了个男朋友，却因为50块钱反了目。男孩要交班费，找她借了50块，第二天还了她，却没有其他表示。要什么表示呢？女孩说："我帮了他，至少还钱时要请我吃顿饭吧？"妹妹，你这高利贷是否放得太离谱了呢？专业实习直接去地下钱庄吧！

我不知道是什么，让这些花骨朵儿一样的小美女，年纪轻轻便有那么凉薄的爱情观。这让我在喟叹的同时，怀念起了我的大学时代，我的那些美好的朋友。

她喜欢上了一个来我们学校卖磁带的流浪歌手，所以，每隔几天去照顾一次他的生意，半年下来，攒了满满一抽屉盗版磁带。后来，歌手开始和另一个女孩手拉着手卖磁带，她遗憾，还有一点痛苦，可是，没有后悔过。

他的女友在距离两千公里的另一个城市，在那个呼机是潮品的年月里，他在电脑城给人装了三个月的电脑，买了两部呼机，自己用数字的，女友用中文的，他呼她，对着呼台小姐说一大串肉麻的话，她反呼他，便设定一大串只有他们自己懂的数字暗语。后来，她爱上了别人，他含着眼泪，把呼机上的那些数字串看了一遍又一遍，当然，也有遗憾和痛苦，可是，恨不起来，同样，不后悔。

他的妈妈有残疾，虽然在本市，却因为怕儿子觉得丢人，从来不来学校看他。他粗枝大叶，从来没有明白妈妈的痛楚。可是那个可爱的女孩却狠狠地批评了他，并在一个周六将他妈妈接来，游遍了学校的各处景观，还在食堂吃了饭。至今记得他与我们谈起那个女孩的场景，他目光坚定地说："我可以为她去死！"后来的后来，他们依旧没有在一起，但是他不后悔。

很傻吗？没有，无论在当时，还是多年以后大家的回忆里，我们都只感叹，那是多么美丽纯粹的青春时光，所有人都在真心地爱，无畏地付出，我们没有前怕狼后怕虎，也没有工于算计。因为我们收获了自我的满足，所以即使分手，也觉得，我们的真心从来没有付水流。我们从不为对对方的那些好而后悔。

真的不明白，"谁先动心谁失败，谁先付出谁倒霉"这种愚蠢的理论为什么能大行其道，爱情难道不正是因为有了不确定性，才有如此大的魅力？如果它像在菜市场买猪肉一样能够一锤定音，还有人为它欢喜为它愁吗?

不要那么市侩，不要那么凉薄，今天你主动付出爱，明日你得到爱的可能性就要大一些。年纪轻轻，大好时光，不要把爱情当作小买卖一样锱铢必较，这样市侩的人永远不配拥有真心。

她的白夜行，
你的光芒万丈

他遇见她时，她是他眼中的完美女神：25岁，年轻！白皮肤，漂亮！总是眯着眼睛捂着小嘴笑，温柔！月薪8000元，不错哦！还会做饭，My god，还贤惠！

据她自己说，她恋爱过三次，可惜遇人不淑，终无正果。他不介意，这么美好的女人，怎么可能没有过爱情呢？他只觉得庆幸，那些男人不懂得欣赏的，他懂。

于是，他沉醉了。他为她做了很多疯狂的事，甚至包括给她写诗。

可是，流言开始一波波传进他耳朵里。他们告诉他：她的三个前男友，全都已婚，有一个还因她离婚，却因为那种关系原本就建立在对方有家室的情况下，微妙的平衡一打破，感情也就变质了。

总之，她的生活就是一出《白夜行》，守着过去的秘密，变成一个全新的人，开始全新的生活。他们提醒他：她真爱你吗？还是，你只是她“从良”的一个跳板？

他大惊失色，继而心灰意冷，他将QQ签名变成：好好的一棵白菜，居然让猪给拱了。然后问了我一个让我很意外的问题：如果我说我思前想后，最后的决定居然是当跳板我也认了，你会不会认为我很贱？

当然不会！反之，我认为你是一个真正的男人。

接受纯洁、完美，是多么简单的事情，有人说，男人即便到了80岁，也喜欢18岁，我一直觉得，那是因为那种男人即便到了80岁，也不够自信，他们只能寄望于女人的懵懂，看不穿他们骨子里的弱。

敢于接受不纯洁、不完美，才真正需要勇气。

不要认为她在做戏，**每个人的心中，都有天使和魔鬼，何况我们怎么能因为一个人的过去便草率断定他（她）的将来？**我小时候，曾经偷过表哥的放大镜，如果按照老一辈“从小偷针，长大偷金”的观念，我早就成江洋大盗了。曾经行差踏错的她，现在开始想摆脱性格的魔咒，拥有正常、平凡的爱情，并为之付出努力，我们有什么理由不鼓励？

也许，因为见识过了虚无，她反而会更懂得什么是真实。而你博大的胸怀，像万丈光芒一样照亮她，让她从泥足深陷的小白菜变成朝气蓬勃的向日葵，相信我身为女人的判断，踏入光明的她将不吝用其所有报答爱。

穿起你的秋裤
说拜拜

如果你要摆脱你的另一半，你会怎么做？

大部分的人是不会直接说"我不爱你了，分手吧"的，对他们来说，"不爱"太单薄，必然带来"以前不是死去活来吗？说不爱就不爱了"或者"你不爱我，那你爱谁"之类的追问。所以，一定要找一个更有说服力的理由，比如，你的某种恶习让我无法容忍——有个女人就以"你穿秋裤睡觉让我很不舒服"来作为突破口。

男人也许会觉得很郁闷：秋裤穿在我身上，跟你睡觉爽不爽难道有必然联系？

这与我耳闻的某些理由很相似，比如，有个女人要分手的理由是男人喜欢在马桶上看报纸；有个男人要分手的理由是他承受不了女人洗脸后要拍整整一个小时的化妆水，"持续一个小时的啪啪啪啊！听得我脑仁一跳一跳地疼"！还有曾经在韩剧上看过一句台词："她居然说我脸大，挡住了她的阳光！"

表面的理由可笑得千姿百态，可是内核是一样的——我讨厌你，我希望你给我滚远点！

甚至，我们可以得出这样一个结论：**对方的分手理由越荒谬，**

越说明他（她）离开你的决心之坚定。你想想嘛，他（她）也许将你的一举一动研究了几个月，穿着马甲求助了N个论坛，最终只得到一个是人都觉得说不过去的理由，他（她）却鼓足勇气将这个冷笑话一样的理由说出来了，这难道不足以说明他（她）一天也忍不下去了吗？

那还能有什么可说的？可做的？

你即便不仅把秋裤脱掉，甚至把内裤也脱掉！也不会将你从时尚罪人变成时尚达人，从而提高她的睡眠质量。你唯一能做的就是穿起你的秋裤，拍拍你的屁股，离开她的视线。

很郁闷吗？不，你应该觉得庆幸，庆幸对方虽然理由很牵强，却给了彼此重生的希望。你将有机会找到一个和你一样穿秋裤睡觉的女人。

而且，你该同情那些挑不出对方毛病的人，真是难为他们了，或许，他们的命运就是此生过着貌合神离的日子，或者干脆变成一对各自乱搞的龌龊夫妻吧。

80 岁也要
相信爱情

如果一个 18 岁的女孩哭着对我说：天下的男人都是坏人。我可以表示理解，因为她的天下，男人并没有她想象得那么多。

如果一个 28 岁的女人哭着对我说：天下的男人都是坏人。我会深吸一口气，但是最后仍旧可以表示理解：对于一个晚熟的女人来说，她的天下，男人应该也不太多。

可是，一个 38 岁的女人对我说：天下的男人都是坏人，并且试图用这个结论来误导她还不到 15 岁的女儿，我就实在忍不住下去了：你错了，你很幼稚，你白长这么大了。

女人在青春期之前的成长史，大体是从婴孩时期的“只有好人”，到懵懂时期的“只有好人和坏人”，再到极度叛逆期的“只有坏人”，叛逆期一过，当我们渐渐成熟，则会从“不只有好人和坏人”到“人不只是好和坏那么简单”。

将男人一棍子全部打死的 25 岁以上的女人，就我所见所闻，大体可以分成这么几类：

第一类是少根弦的乖乖女，没趁年轻多谈几次恋爱，理论和实践经验一样贫乏，对男人缺乏基本的认知和相处技巧。一旦感情受创，就如世界末日，立马黑白颠倒。

第二类是后青春期癫狂者，二三十年、三四十年活得好好的，突然聊发少年狂，一下觉得爱情是瑰宝，金钱事业全都如稻草，以前都白活了。男人老老实实以对待她的实际年龄那般对她，她却以青春少女的心态来受之，当然极不受用。最后男人怕了：啊，这是一个奇怪的欧巴桑啊！

第三类是拎不清的，总是要爱上不该爱的，要么是别人的老公，要么是对自己不感兴趣的，比如，没钱没貌没工作，却非要跻身上流社会，那怎么可能有所谓的好男人呢？

第四类是破罐子破摔的，日常爱好是痛骂绿茶婊，幻想有个男人能从她放纵的外表看到她“纯洁”的心灵，救她于滥爱的水火，可结果是，这世上没有救世主，反而是自己搞得就有那股气场，专门吸附苍蝇般的恶心男人，有什么办法？

其实，与其将男人划分成好男人和坏男人，不如将男人划分成“我爱的”和“我不爱的”，或者“爱我的”和“不爱我的”，或者“适合我的”和“不适合我的”。有时，只是换一种划分的方法，其中的敌意和怨妇气息，就几乎烟消云散了。

即便到了 80 岁，也一定要相信有爱情和适合你的男人。爱情这个让人欲罢不能的小东西十分傲娇，你信它，它才会信你。

忠诚
是因为怕麻烦?

这是一次女人的聚会。

Anne 有个似乎可有可无的未婚夫，两人准备结婚，却不大能打起精神来，她的大多数空余时间，宁愿与女友们坐在咖啡馆里闲聊。大家问她："何不再找一个？"她叹口气说："怕麻烦。"——又要经过漫长的做作期，装模作样地约会，接受他时不时暴露出来的新缺点，然后争吵、和好、习惯，再谈婚论嫁，真的是很麻烦，而且，现实永远是：下一个男人往往不会更好。

May 不怎么爱打扮，胸也不够大，但是不妨碍男人觉得她性感。当初她结婚，大家都觉得，撑不过两年就要散。可是，已经5年了，她一点绯闻也没有。大家逼问她："真没想过搞外遇？"她笑笑说："想过啊，但是怕麻烦。"——要找到若干理由骗倒老公，然后一个又一个的谎言就将接踵而来，手机如同不定时炸弹，还要忍受罪恶感。这属于高危行业，不是一般人能干的活儿，而且，真的是很麻烦。如果被老公发现了，又要闹离婚，又要找下家，啊，想都不敢想了，更是麻烦大了！

May 说："如果别人问我，为什么这么忠诚，我会回答，那是因为没找到更好的，诱惑不够大。其实我内心真正的答案是：因为我怕麻烦。一个成熟的女人，不走到山穷水尽，不会总想着把自己的生活搞得很复杂。”

当然不是没有爱，是她们的爱再也不过剩，不是除了疯狂地爱人和疯狂地被爱就找不到其他的人生价值，也不再完全依赖婚姻给自己幸福感。

也许有更好的吧，谁知道呢？但她们懒得去找了。有那个时间，

不如把自己伺候好，然后，顺带给身边那个男人一点阳光，让他也灿烂灿烂，然后，你好我好大家好。

我觉得呢，有这样觉悟的女人，背后应该有一个同样有觉悟的男人，这事儿才能成吧。首先基本素质至少在及格线以上，而最终，对他们的男人来说，忠诚或许可能也是因为怕麻烦？

做一个
眼睛有光的人

最近在朋友圈里看到有人在分享铃木保奈美2014年8月拍摄的一组照片，或提着西瓜打着阳伞大笑，或只是拿一把小扇或者帽子，静静地看向一边。《东京爱情故事》里娇俏可人的赤名莉香，到了48岁，依旧散发着一种少女和熟女完美混合的气息。

然后我去搜了她的新闻，最近的一条是2014年的10月，她参加一个防止乳腺癌的宣传活动，照片上的她，笑得非常自然、坦率，有一张没有刻意去在意的脸。我觉得她好美好美，可是看看网站做的标题：《48岁莉香长这样，铃木保奈美细纹爬满脸》。

网站编辑的low，也真是够了。

48岁的女人最完美的状态是什么呢？在我看来就是铃木保奈美这样的，有适当的、比同龄人少一些的皱纹，还可以爽朗地大笑，关键是，眼睛要有光彩。因为这样会让人感觉到，即便年龄再大，她依然有少女的气息。

同样让人有这种感觉的，有林青霞、王菲、伊能静。而反面教材，当然毫无疑问，是王祖贤。大家可以去百度照片，看她们的笑容，还有眼神。

在生活中我喜欢跟那些眼睛有光的人交往，这样的人，一部分是境遇很好的人，他们没有感受太多来自世界的恶意，因此对世界充满善意，个性纯粹，心胸开阔；还有一部分是经历各种奇葩事，但永远能从绝望中很自然地看到希望的人，他们不只是乐观，而是达观，它不会只表现为一个笑，它是平和，是眉宇之间的舒朗，是有能力时兵来将挡水来土掩，没能力时就兵来投降水来漂走，是拿得起也放得下。

最近有次聚会，男男女女一大堆，有女朋友就问："你们男人怎么判断一个女人值不值得交往，你们先看哪里？"一开始的答案都充满肉欲，诸如腰线、小腿、屁股，直到有位男士正色说"眼神"，其他几个都点头称是起来。有人举自己的女同事做例子：永远一丝不苟的美丽，办公室就像个化妆室，但是眼神太空洞太呆滞了，而且，太关注自己那张脸了，怕老，怕出丑，没有人看到过她大笑的样子。还有人举自己前女友的例子：初交往时看到她习惯性躲闪的眼神，以为那只是害羞，没料到却代表了深深的自卑感和猜疑心，有话从来不直说，只会让你猜，还要偷偷看你手机。

最后有人总结陈词：**女人有没有魅力，真的就看一双眼，有的即便年纪很大，但是她的眼睛有光彩，只要看到那双眼，你就会自然与她亲近。**眼神清澈的人大半内心也纯真傻气，眼神浑浊的人大半枯萎无趣，眼神躲闪的人多数自卑且报复心重，眼神灵动的人充满创意，看似活泼随和但其实特立独行很有性格……

太多人关心岁月在肉身上下留下的痕迹，所以我们迷恋减肥、去皱、消法令纹，可是最终，即便我们变得该苗条的苗条，该饱满的饱满，一双眼却时不时会泄露我们过的每一种生活、走的每一步路、每一种心情和我们对待世界的看法，而且，我们无处藏身。

所以，每天照镜子时，且让我们关注一下那双眼，好好审视它们，和它们对话。它们会告诉我们很多也许我们已经忽略或者刻意忽略的东西。

每个人都有各自的深渊，但生活总要前行。既然要走，就走得轻松漂亮一点，让我们做一个眼睛有光的人吧。

这世上什么都可以通过努力争取，独独除了爱情

婚姻恐惧症，到底是个什么东西？

心理学家说：这是一种很具有代表性的现代社会心理疾病，社会舆论对婚姻生活的负面宣传是该病的重要起因。

女读者 KK 补充如下症状：恋爱 8 年，他洒向人间都是爱，为了拴牢这个浪荡子，她厚着脸皮求婚 3 次，每次他都以各种理由推脱，第一次说老妈不喜欢她，第二次说兄弟不喜欢她，第三次悲愤地说：其实我是一个婚姻恐惧症患者，你趁年轻找个好人家嫁了吧！

KK 来找我，是想让我帮忙找找心理医生，把他的“病”治好。我劝她趁早打消这念头，因为在我看来，一个所谓的有婚姻恐惧症的男人，他真正恐惧的，其实不是婚姻，而是与你的婚姻。说白了，他不是不想结婚，他只是不想跟你结婚。

所以，他没病，是你病了。哥不过是想万花从中过，片叶不沾身，是你爱得瞎了眼。

借着 KK 的事，我想劝劝那些还在苦苦等待男人恩赐一个红本

本的女人，别等了，那是一场空哇！只要恋爱超过 3 年，还拒绝结婚的，多半就是很不爽你又不好意思明说了。

听听这些理由和背后的潜台词吧：

“我们还需要磨合。”——过去这几年，我对你的表现很不满意！

“再等我两三年，等我把事业做起来。”——女人拖不起？那最好，拜拜了您哪，这可不是我不仁不义哦！

“我没用，我不能让你跟着我受苦。”——给你点面子，你想跟我受苦我还不乐意呢！

有的仁兄很干脆：“不知道咋搞的，我就是不想结婚。”——姑娘你怎么还不走啊？！你真是太不自觉了！

男人要真爱你，真觉得你适合他，结婚就是再自然不过的事情，哪里需要你求神拜佛看大夫？这世上什么都可以努力去争取，可有两样东西不能，一个是寿命，一个是爱情。

不要一条道走到黑了，趁早回头，要知道，在一张旧地图上永远找不到新大陆啊！

放过自己吧，
给自己一次重生的机会

虽然这么多年来，看了太多因为自己不是处女便自觉低人一等的案例，但每次再次看到，我都还是会觉得很稀奇。而且要被逼着一次又一次讲曾经的细节，讲了又被骂，骂了又哭着求原谅。活得像一本低俗小说的人生，真是够了。

相似的例子还有：我曾经离过婚；我曾经和一个吸毒的男人在一起；我曾经做过别人的小三；我曾经生过孩子——有个女读者将非婚生的孩子丢给老家的亲戚 8 年，每年只见一次，自己在另一个城市扮演没有任何历史的女人，却也至今单身，不是没有遇到过合适的人，而是太惧怕所谓的"真相大白"，一到谈婚论嫁就躲了。她们的共识是：我已经毁了，我这辈子都不可能得到幸福了。

很少有人一辈子不走弯路，更没有人能说一生都不会犯一次错误，包括我自己，除非你是提线木偶任人耳提面命规划所有的路。但当我回想过去的种种，我扪心自问，如果给我机会重新活一次的话？结果是我依旧不能保证，那些错误我可以少犯哪怕一次。因为每个回头来看很草率冲动的选择，也许恰恰就是当时内心的声音，或者无路可走时最好的决定。而且，所有的选择，都与当时自己的年龄、眼界等息息相关，如果每个人都要以30岁的阅历，来评判20岁的对错，实在太不公平。所以，尽管人生不是没有遗憾，但我的确从来不谈后悔。

如果不想自己的人生停滞不前，而是想要一直往前走，那你的必修课就是如何接纳自己。

我觉得开头提到的她们，总是习惯把现在的自己当作警察，把过去的自己当作罪犯，而且这警察和罪犯的关系，还是电影里那种我铐左手你铐右手别指望逃出我的五指山的关系，走两步便要把罪犯拖到眼前来指着鼻子痛骂一番：“蠢笨！无耻！你怎么不去死！”

看起来好像是自己已成熟到懂得自省，可是就如不肯把罪犯移交的警察，这看似的一身正气，其实是在把自己变成移动的囚笼。何况，即便真正的罪犯，都还“一罪不二罚”，也还有重新做人的机会，只因自己曾经很蠢就让自己一辈子不得翻身，实在过狠，且在蠢的路上越走越远。

对过去的自己，可反省，可批判，但最终，请理解、接纳并放掉TA吧。不放TA走，则你一生心灵不自由。

生活的大刀向男人砍去，生活的钝刀切割着女人

某一个夜晚，微博收到私信，她说她在医院，孩子刚在走廊上的临时床铺输上吊瓶睡着，而她自己刚刚裹着棉衣呆坐了很久，现在想让我陪她聊聊天。

她是全职主妇，孩子身体不好，一年总有至少 200 天是病着，“住院像进超市。老公不怎么管，兴趣来了就逗一逗，有时也陪一陪”。刚刚孩子生病，给老公打电话时，他第一反应是“怎么又搞病了哦”，第二句是“你一个人行不行？要不要我过来”？她内心有一个声音在大声地说：“我快撑不住了，请来帮我！”但是听到那边划拳的声音，她便习惯性地回答：“没事。”然后老公说了句“那你小心点，有事再给我打电话”便挂了电话。

我问她为什么不说真话，她打了这么一行字过来：“一个女人，抱着已经 38 斤的生病的孩子，拖着行李，晚上去看急诊，身为爸爸和丈夫，你问要不要？哈，我是需要，但我不要。”回想老公挂电话的那一刻，她说她以为自己会哭，但是她只是把风帽给孩子戴好，更紧地抱住他，安慰他，并再次回忆是否带齐了东西，然后按下了电梯键。说到这里，好久没再发来私信，我问：“你在哭吗？”又过了很久，她说：“是的。谢谢你！”

她不知道的是，我在离她很远的这一端，眼睛湿润。而我有很久很久，曾以为自己修炼到铁石心肠。

我曾经一直认为，女人的麻烦都是自找的，情绪也是自找的，哪儿有那么多敏感和哀伤呢？你要什么你就说啊？可是到今天遇到她我才知道，那是因为我内心也明白，男人是靠不住的，男人是不可能理解女人的，所以，一切需要我们自己去调节。

生活的大刀，从小便向男人挥去，他们从小就被灌输着“摔倒了不准哭”“长大了要养家糊口”，因为“你是男子汉，男子汉不拘小节不做小事”，而这些女人没有被要求，她们可以任性，可以随意地哭，可以只做小事，父母会告诉她们“大不了嫁人啰”，看起来很好啊，可是，结婚了才会发现，生活的钝刀会缓慢地切割着女人，一条一条小伤口，成年累月地划着，每一样都不太痛，每一样好像都可以慢慢适应，直到最后，女人变得很坚强，女人的心也变得很硬，女人千疮百孔。

男人与婚姻和家庭，其实一直都保持着一个观赏的距离，只要拿钱回家、不乱搞、偶尔有句关怀的话，便自认善莫大焉，他们总是像孩童。只有女人，与这个世界保持着过于细微而全面的接触，每一样小事亲力亲为，锤炼着女人的母性，也消磨着女人的耐性，这种入世太深的苦痛，岂是男人会懂？男人只觉得贱人就是矫情。

到最后你发现，男女的天性差异，让他们支撑不了你的精神家园，只有朋友和工作能让你浮出水面呼吸。希望她的孩子能早日康复，希望曾为了照顾家庭放弃梦想的她，能重新拥有梦想。希望我们都好好的。

承认自己
生而为人的脆弱吧

一个职业女性对我说："每天上班，经济贡献一分不少，家务却依旧是我一个人承担。每晚把孩子哄睡，累到半昏迷躺下来，听着老公还在客厅里为一场球赛大呼小叫，就觉得人生实在毫无意义。"

另一个职业女性对我说："弟弟不学无术，养家全都是我一个人。父母五十几岁已经完全不工作，每天就是麻将加坝坝舞，现在还嫌房子旧，要我买房，又怪我没给弟弟找到好工作。最疼我的姨妈说：这就是命，长姐如母。听了这句话我抱着她哭了整整半小时。"

她们很累，但是她们从不说累。做自己想做的事？让心灵自由？那些只是偶尔想想而已。想太多，只是更加衬托出生活的无奈。

我觉得家人有时被宠爱久了也会觉得一切理所当然，有必要让他们知道，不是一切都理所当然，再强大的我们也会累。所以，就我自己而言，我已经慢慢学会放任自己自私一些，该尽的责任会尽，但做不到的会直接说做不到，很累就说很累。

说不出累，是因为你已经将看起来最亲的家人设定为"绝对不会理解我的人"。

曾经做过一次读者下午茶，主题是“与母亲和解”，这来源于台湾灵修大师张德芬与母亲的故事。她说,她曾是一个向母亲祈求“爱、赞同和肯定”的乞丐，40 岁时她开始信佛，看灵修书，因为妈妈信基督，百般阻挠。她曾经激烈反抗过：“我 40 岁了，看什么书还要你管吗？”得到的是摆脸色；也曾经百般讨好过，否认自己信佛，在妈妈来探望自己前将家中所有佛教事物全部藏起来，得到的是讥讽。心灵那么强大的她，想到母亲这带有条件的爱，也潸然泪下。

最后，她放弃了反抗和讨好，选择了“温柔地坚持”，她诚恳、真切地告诉妈妈：“妈妈，我爱你，但是我做不到你要求我的。”没想到妈妈只是看着她，然后说：“我知道了。”奇迹就这样发生，对她来说生死攸关的谈话，换来的是妈妈的最终接纳。

她的一句话让我印象极深：“如果试图讨好所有的人，那么无法做自己。”任劳任怨的妻子和女儿，每日在做的事情，其实就是“讨好”，我们总在下意识地渴求，如果我做得好一点、再好一点，是否会换来良心发现？结果是不会，

当你把自己变身无所不能的女超人，观众便会把你的强大当成习惯，他们贪婪的小嘴，一张一合，吃嘛嘛儿香——你把他们从精神上养成了脑满肠肥的死胖子，最后承受不了这种重压的是你自己。

所以，承认自己生而为人的脆弱吧，承认我很累，我做不到；请理解我，请给我一点帮助；请让我不再孤军奋战，如果要我前进，请至少给我前进的勇气。

第三辑

时间是个很好的过滤器，它会带走那些不能接受你的任何不完美的人，但是真爱你的人，还是会留下。

重拾
爱情公信力

还是老规矩，先看看某位女读者的来信。

“大学刚毕业，我就跟他在一起，他说婚姻多么不幸，丈母娘又如何压迫他，让没有任何经验的我多了一些疼惜，过了三年见不得光的日子，最后才不得不正视：一切都是谎言。重新开始，爱上另一个他，他的家人却不知道从哪儿听说了我以前的事，死活不同意，并不断言辞羞辱，渐渐地，他也动摇了。我不否认我以前做错了，但是，我也是受害者，为什么他们不愿意给我改过自新的机会？为什么那个作孽的男人还能回归家庭，而我却只能一辈子承受白眼？这个世界为什么这么不公道？”

之所以将这封信这么完整地登出来，是真的想给那些还在迷雾中心存侥幸和幻想的女人看看。我们至少能得出以下结论：

一、男人的想象力真的很不丰富，他们关于为什么出轨的谎言都惊人地相似；

二、除非把男人逼得无家可归，否则，他的最终选择永远是——回归；

三、通常情况下，“一个回归的出轨男”等于“一个无家可归的第三者”。

女人的从良之路向来荆棘丛生，因为这世上布满了围观者的眼睛。

1967年，哈佛大学心理学教授米尔格兰姆在《今日心理学》杂志上提出了著名的“六度分离”理论，即“你和任何一个陌生人之间所间隔的人不会超过6个”。这个长期被当成坊间传闻的理论，后来被微软通过分析用户地址得以证实。所以，你不得不接受的一点是：有很多你无法想象的人，不管你认识的，还是你认为根本不可能认识的，都在通过某种联系，监督你的一言一行。你以为“见不得光的日子”等于“天知地知你知我知”，其实，很抱歉，大家都知道。

这也是我们不能轻易干坏事的原因，围观者太多，而围观者中，也许就有我们的下一个恋人，或者下一个恋人的亲戚同事朋友，或者，还有一些本来想给你介绍下一个恋人的热心人士。不要认为一切可以斩断重来，一件不光彩的事往往不只是毁灭你的现在，还会降低你未来幸福的可能性。

女孩们，不要埋怨别人的不包容，别人本来就没有包容你的义务；也不要痛恨这个世界的不公道，相反，它显示这个世界非常公道：有自制力、有判断力、有执行力的人，本来就该得到更大的尊重，而一个曾行差踏错的人，也必将付出超常的代价和超长的时间，才能重拾你的爱情公信力。

但是，这条路却并非没有尽头，绝对不会是你想的“一辈子承受白眼”那么漫长。坦然地面对曾经的错误，绝不破罐破摔地走以后的路就可以了。谁能保证一辈子不做荒唐的事？时间是个很好的过滤器，它会带走那些不能接受你的任何不完美的人，但是真爱你的人，还是会留下。

做正确的事
永远不会迟

有位读者问我："我和一个已婚男人在一起半年了，现在我不想再偷偷摸摸，也不想再伤害他人。可是，我已经跟他发生了关系，还堕过一次胎，现在想变成好女孩，是不是太讽刺了？"

类似的事还有："我老公已经跟别人同居三年了，那女人还怀了孕……可我40多岁了，离了还能有未来吗？""我们定了明年元旦结婚，可我现在发现他骗我很多，还吸毒，面对双方父母，我不敢提分手，压力好大。"

她们的共同疑虑是：已经是坏女孩了，已经是黄脸婆了，已经是准夫妻了——都这个样子了，再想后悔，想变美好，来不及了吧？太迟了吧？

我很坚定地告诉她们：不会！因为就在不久前，我同学的64岁重庆姨婆还找我给她介绍律师，她过够了被男人呼来喝去的生活，忍无可忍，无须再忍！

一个人拥有怎样的一生，不仅与你的思想有关——那只解决你的方向，更重要的是执行力。有很多人，明明知道当小三不好，却还是一当好多年，来不及啦，反正都不纯洁了；有些人，明明知道吃巧克力要变胖，却还是每天嚼啊嚼啊，来不及啦，反正都这么胖了……

最后的结果是，和你从前一样走错路的人已经一家三口去远足了，和你从前一样胖的人已经穿起了小号衣服，你还在原地踏步，甚至每况愈下。其实怎么会来不及呢？说来不及的人，都是不想“来得及”的人，不过是为自己的贪欲找一个软弱的借口。

如果你清楚地知道，你做的是正确的事，那么，下一步就放手去做吧！做正确的事，永远不会迟。

家族伊索
传播的是经验还是偏见?

女读者 Folia 在与老公回到家乡发展前，没觉得自己的婚姻有那么多“漏洞”。

她把家里的钱全部交给老公管理；她在外人面前扮演顺从的妻子；吵架时多数是她创造一个台阶……这对小夫妻以这种模式在另一座城市幸福地生活了四年，可是，一回到重庆，父母姑母舅母姨母一番望闻问切之后就断定“这样下去你要受苦”，他们给出的不受苦的模式就是：把钱牢牢抓在手里，把老公彻底打压下去。

每多一只手表，只会让人对时间多一份不确信，何况多出来这么多只。所以，即便四年的虽不完美但也算心甘情愿的婚姻已经佐证了模式的正确，她还是失去了判断力。

不要责怪她没有主见，与长辈们在一起，总是容易失去判断力的，因为，每个长辈都是家族的伊索。前人的故事通过他们口口相传变成家族的遗传基因，他们传播经验，也传播偏见；他们传播美好的伦理，也传播丑陋的价值观。我们经常听说不幸的血液是会遗传的，在我看来这跟血液没什么关系，只跟其身不正的长辈们偏激的教导有关系。

科学家曾经做过一个实验：把三只猴子关在笼子里，两只因为跳起来吃香蕉，被热水烫过，第三只就不敢去吃了。之后笼子里来的每个新猴子，都在前辈的教导下不去碰香蕉。最后，最初的三个老猴子都走光了，笼子里全是没见过热水的新猴子，而且热水系统早已关闭，香蕉唾手可得。可是，没有一个猴子敢打香蕉的主意。

猴伊索因为一个偶然的事件，向后代传播了关于香蕉的恐惧。人伊索也必然是因为某个前辈的一个偶然的遭遇，而向后代传播了关于男人和婚姻的恐惧。

太草木皆兵了。这世上也许只有一个香蕉还配套有热水器，同样，男人有无数种，婚姻有无数种，幸福的模式也有无数种，所以，不要轻信前人的经验，要找到适合自己的，并坚定不移地奉行。人云亦云的人，不一定不幸福，但必将错失更幸福的可能性，这样平安但寡淡的生活，只适合对生命本身没有任何敬意与追求的人。

爱情不是
一个人的勇敢

又到一年劳燕分飞时。毕婚族毕竟是少数，无措到写信给我们的，则代表了徘徊的大多数。

A，想为了回到县城的男朋友，放弃读研的机会和父母为她找好的工作，可男友退却了，理由是家里人觉得她家太强势，意思就是：咱县城庙小，容不下你这尊菩萨。她问我：如果我不管不顾地追随他去了，他会感动吗？

B，男友留下一个短消息，衣袖都懒得挥一挥就奔赴他乡了。他没有带走一片云彩，却带走了她无穷的追问：三年感情，怎么可以这么提得起放得下？他的回答是：除了困难，什么都没有的我，给不了你幸福。她的问题和A的如出一辙：我想考他那个地方的公务员，如果考上了，你说我们还有前途吗？

我当然力挺坚贞的爱情，不理性又怎样？人怎么能一辈子靠理性生活？好吧，就让父母伤心吧！就把前程扔掉吧！即便是浑水也蹚了！为了爱情，背叛世界也无所谓的！

可惜，她们追随的爱情，并不坚贞。她们的男人，像编过程序的机器人一样，从七月初开始便与过去一刀两断，他们早已谢幕，是她们自己，还在上一幕的哀乐中流连忘返。

爱情的果实属于勇者，可是一个人的勇敢，只是蛮干。

很多大学生抱怨：这万恶的社会啊，就业难啊，拆散了多少好姻缘啊。我对此论调倒很不以为然，我见过很多有类似经历的读者和朋友，有一对相约一起考某地公务员，女的考上了，男的落榜，为了尽快安顿下来，找不到合适工作的男人送了半年多的快递；还有一对进行了两年多的远距离恋爱，条件成熟后，才调动工作在一起……因为他们不是一个人在勇敢，因为他们都对爱情很确信，所以，爱情也便回报给了他们超能力，兵来将挡，水来土掩，翻山越岭，赴汤蹈火，也在所不辞。

其实，大难并未临头。飞得太快，只不过说明你们的爱情太不顶事儿。而毕业，只不过充当了催化剂，让你们更快地看清彼此的脆弱。

画个圈圈
诅咒前男友

极品前男友交了新女友，你会怎么办？

女读者Sisi说，她很想去会会那个女孩子，向她揭露该男的极品之处。但又马上自我反省："生活要向前看，这样做有什么意义呢？"末了沮丧地承认自己其实并不是真的想当正义使者，"看到他们的合影，真的不舒服——为什么明明不爱一个人了，还有这样的感觉呢？"

我说，原因是一个很普通的道理，前男友就像玩具，自己可以扔掉，但是不能被别人拿走。

由此回想起很多碰到类似问题的读者，有诋毁："他新找的那个女朋友，像个霍比特人不说，毛孔还粗得插得进牙签！"也有"老前辈"的幸灾乐祸："又有一个无知少女要把枕头哭湿了。"一个个咬牙切齿、尖酸刻薄的可爱样儿哦！

我并不觉得这样就显得道德素质低下，有些感情，过程太过轰轰烈烈，恩怨情仇搅在一起，往往让人以为这是一部拍不完的韩剧，搬出他的家不叫分手，烧掉他的信不叫分手，打得头破血流咒对方出门被车撞死也不叫分手，另一个人有了新恋情，才叫真的分手。

你以为这部剧还有120集可拍，却发现20集便已被杀青，实在很难平心静气唱一曲“我永远祝福你”，祝福多么矫情，诅咒他“娶东施，住蜗居，当蚁族”才叫坦率。

适当地发泄怨气很重要，它是一个出口，助我们脱离魔咒。勉强自己变成满嘴仁义道德的人，并没有谁会因此颁给你一个“心胸最宽阔前女友奖”，反而会将你搞得心理变态。

只是，不要发泄到前任和前任的现任身上。你可以画个圈圈诅咒他、做个小人戳戳他，实在不行，遍地都是像我这样所谓的“情感专家”，邮箱随时为你开放，包倾听，不包疗效——就是不能骚扰到他的新生活。要知道，**每个人都有追求幸福的权利，对他来说，你也只是一个不适合他的人罢了。**而如果他真的是极品，那就相信，恶人自有恶人磨吧！

那些曾经你爱得要死要活的人，其实也不过如此

要谈验货这个话题，咱们还是先说两个看起来并不相关的案例好了。

第一个，主角是男人，被女友甩了，所以很生气，他在邮件里说："搞不懂女人是怎么想的，一年前山盟海誓，一年后什么都不是；一年前老想跟我结婚，一年后一提结婚就分手……吃白食吗？男人也有贞操的！"我笑得酸奶吐了一键盘。

第二个，是女孩，正商量和男友结婚，可"条件"谈不妥，男友坚持在决定结婚前两人必须发生性关系，不然怎么知道合不合拍？她气坏了，她说，在新婚之夜把自己完整地交给最爱的男人，是她从 13 岁起就抱定的坚持，要不是这样，他何德何能，居然可以找到 25 岁的处女？！

这两个案例，都让我想到"验货"。我觉得，恋爱的过程，就是一个验货的过程，我们要允许别人验货，也要接受验货后不买的可能后果。淘宝要是没有开发出"7 天无理由退换货"，你看马云还能不能这么愉快地去敲钟？

爱上一个人，就像我们看到某货的卖相不错、第一印象很好，

但货是否好用，还是验过了才会知道。这不是简单的爱情易逝，而是我们要找一个真正的伴侣，形成婚姻这个买卖关系，功能是最重要的，必须好用。

一男一女，绝对不可能只是默默地看着对方，或者只靠说说情话、互相想念，就能过一辈子的，总要知道，性格合不合，性合不合……总之，一切自己看重的标准，都得尽量满足才行。

所以，第一个男人，大可不必上升到“吃白食”这个高度，女人不跟你结婚，只能说明她验过之后发现你这“货”名不副实，不是她的菜。而第二个女孩，劝你还是验验吧，一辈子很长，JJ短小加秒射这种事情，万一摊上了就是哑巴吃黄连，只能忍住内伤默默吐掉真的吞不下去的……

顺带呼吁那些这年头了还在搞网恋、暗恋、异地恋的人，除非你爱上的，只是爱一个人的感觉，否则还是脚踏实地、真真切切地谈一场恋爱吧，那样不真实的爱情，只会让你把对方想象成一个你梦想中的完美样子，而在大多数情况下，当你真正平等地与那个梦中情人相处，你会发现，曾经让你那么要死要活的人，也真的不过如此。

不要将穷人思维
带到爱情里来

这个世界上有很多奇异的家庭，滋生比陌生人更冷的冷漠和超越仇人的仇恨，源头往往是一些类似这样的奇异的结婚理由。

女读者 A，考虑要和一个她没有任何感觉，甚至觉得讨厌的男人结婚了，只因为男人承诺要为她负担小孩念名校的择校费。我当然知道，现在的教育费用对于艰难前行的单亲妈妈是多么大的负担，但我更明白的是：贫家子有贫家子的志气，孩子会感到屈辱的，可能根本不会因此觉得妈妈伟大。

B 呢，才 20 岁，通过复读刚考上大学，却决定不去上了，而是与认识才两个月的男人结婚。为什么？因为男人的家乡即将拆迁，据说有不下 50 万的补贴。很难相信吧，一个 20 岁的女孩子，智商不低，却对未来没有任何幻想。

有的人，是即便把她送到火星，也不要指望她胸怀宇宙，她能看到的，永远只有眼前烧饼大的一块地方。所以，可以没有梦想，可以以奋斗为耻，可以为了蝇头小利交付人生。

这些人，一辈子都不会懂爱的快乐。如果不幸福（八成不幸福），也千万不要迁怒于“他不爱我”，爱情不是鼠目寸光者的福利。

可能有人会说，爱情多么易变，那么多人没有爱情，这辈子不也过了，而且过得好像还不错。当然，爱不是人生唯一的，甚至不是最重要的，相比其他的现实利益，它显得很小情小调，没有营养。

但是，人怎么能一辈子靠营养生活呢？可乐、冰淇淋、烧烤、酸辣粉，论营养，它们可能还不如一锅白菜豆腐汤，可是，如果它们能让我们快乐，为什么要拒绝它？

网上说，进了第五大道，你就知道，这世界既不是平的，也不是圆的，而是中国人民的，中国人只选贵的。当然你还是可以勒紧裤腰，只为买一群大 logo，但，请不要将这种穷人思维带到爱情里来。

哦不，一旦带进来，爱情这个矫情货，马上就扭头走人再也不会回头了。

做一个翠花
该做的事

“戏子”是福建人，24 岁，自称是“一个家庭健全的孤女”，父母重男轻女，所以从小没有得到任何关爱，想改变人生的她，尽管所有课余时间都用来干家务，还是很争气地考上了大学，父母却不给她钱，她一气之下脱离家庭，五年来，她没有回去过。不久前被一个男人从深圳带到重庆来，无意中看到了我的专栏，这才联系到我。她说那个男人已婚，很有钱，想包养她两年，开价 30 万，房子都给她找好了，只等她点头。我问她：你怎么想的？她从 QQ 上发过来一个痞痞的笑脸：“累了，反正没人要，从此，就做个玩物吧。”

这本来只是一个普通的读者经历的普通的事件，可是看到她的名字，配上那个笑脸，眼前突然浮现这样的场景：她一个人，站在窄窄的台上，浓妆艳抹，长袖慢舞，对着虚无的观众，低低吟唱。自诩刀枪不入的我，也顿觉酸楚。

我当然明白，在这个复杂的社会，一个女人，无背景、无学历、无存款，甚至无家人精神支持，还想活得有尊严，有多么艰难，就像比尔·盖茨曾经说过的：这个世界不会在意你的尊严，只看得到你的成就。

但是，做个玩物就很简单吗？这个世界有很多人游走在三不管地界，我们并没有资格轻易用道德去审判他人，不过，玩物有玩物的就业门槛，基本素质就是必须没有底线、没有羞耻、终日美艳、花样百出。你行吗？你看，你才刚有了这个念头，便给自己取了“戏子”这个名字，你连自己都看不起自己了，两年之后的你，拥有30万，一个备受蹂躏的身体和一颗支离破碎的心，你又能干什么呢？

你只会彻底变成怨妇，怨命，怨父母，怨男人。这项高危行业，你只看到了不菲的危险津贴，却没看到潜藏的巨大危险。

人做哪一行，这是由性格决定的，不要去做我们不擅长的事，不要选择我们无法掌控的路，命运本来就不公平，自怜自艾一下没关系，可是总想着过去受到的冷遇，便永不超生。

先学习接受自己吧，很多人有一个穿Prada的身子，却只有一个翠花的命。可翠花有翠花的幸福，也能岁月静好，现世安稳。不要总想着一步登天，这复杂的社会，大学生都能去掏粪、做清洁、当保姆，你当然不比谁低级，但也不比谁高级。

音乐停了，把衣服换掉，把妆卸卸，做一个普通的翠花该做的事吧！

成为他的
专属心理咨询师

28 岁的女读者“丹妮”已经过了两年鸡飞狗跳的家庭生活了，原因在于她 38 岁的技术骨干老公，第一年想当官，到处请客吃饭，烧香拜佛，未果；第二年想发财，跟人学着买股票，所有存款 30 万都投进去，被套牢，每天看行情表看到眼睛都快瞎了，费了牛劲才救出来 18 万。丹妮说：“其实他在单位当技术骨干，工资不错，环境又单纯，别人也都很尊敬他，我这个当老婆的都知足了，他怎么不知足呢？折腾了两年，现在精神状态大不如前了，每天郁郁寡欢的，不知道怎么帮他。”

我想，他的反常，正是因为他正进入了一个男性的特殊时期。有研究数据称，37–41 岁的男人，是最不稳定、最焦虑的时期，他们大多把这段时间视为实现人生目标的最后机会。他当了多年的技术骨干，别人的尊敬并不影响他引以为耻，他始终没忘记自己的理想：有权 or 有钱。

有志气。可惜志大才疏，这是比失败本身更可怕的东西。19 世纪的美国心理学家詹姆斯曾提出过一个关于“自尊”的经典公式：自尊 = 成功 / 抱负。从这个公式可以看出，一个人如果能增大成功或者减小抱负，都能获得更大的自尊和愉悦感。——他刚好搞反了，他有极大的雄心壮志，却不仅毫无成效，还白请人吃了那么多饭，更亏了十二万存款，自尊当然会像干了杯硫酸一样被溶解掉，怎么能不郁郁寡欢？

不过，如果他愿意从另外一方面来看，他真的是个很有福的男人，因为，有一个女人，不仅放任他的任性，还无条件地接受他一次又一次的失败，她从来不抱怨，一心只想着如何帮助他走出难关。我相信她的爱完全能让她成长为一个心理咨询师，让他接受，人生已在大范围内成为定局，不如好好珍惜目前得到的行业地位和温暖的家庭。**我也想在这儿号召所有女人，都能在男人遇到瓶颈时，适时地成为他的专属心理咨询师。**

当然，肯定又有女人要气得哇哇叫了：凭什么啊凭什么？要当床伴要当保姆，现在又还要当心理咨询师？！好吧，我承认对此我也会略微感到沮丧，可是，有的男人就是这样，又没本事还爱瞎折腾，叫女人怎么办呢？难道把他们通通杀了喂狗？

嫁女儿
父母都想“零存整取”

邮箱里有一封主题为《爸爸说要打断我男朋友的腿！》的邮件，这已经不是我第一次收到类似的邮件了。虽然我对一个现代社会的成年人仍旧被这种很愚昧的问题困扰很不以为然，但是，也许不得不承认，这在一部分人的世界中依然是个大问题。

这一部分人，以我收到的邮件来分析，大致具备如下特点：

绝大部分为女性，且年龄不超过 25 岁；

和父母住在一起；

收入不高，甚至没有收入，“啃老”为生；

对爱情有很纯美的憧憬，几乎无一例外地强调“有没有钱不重要”。

看出来了吧，并非她们的父母就天生特别残暴，而是，换作任何一个人来当她们的父母，都会急火攻心地叫唤：“这个死孩子哦！”因为，她们很傻很天真，又弱又逞能。

当然，我的本意并非偏袒父母，孩子变成这样，父母是始作俑者，也就是“家教不好”。而且，中国的很多父母，是把孩子特别是女儿的婚姻大事当成一种“零存整取”的投资，才不会管你有没有什么爱情，他们只晓得：我给你吃给你穿，供你读书，花了那么多钱，所以，不管你是个什么尿货，都一定要找个有钱有势的嫁出去才行——以为有钱有势的家伙遍地都是，而且全都是睁眼瞎吗？

其实，孩子与父母之间，是一个能量的博弈，你弱，他们就会越来越强，而当你拥有了强大的心智，同时也拥有了与这个世界和谐相处的能力，比如：你至少应该有你愿意为之付出并谋求发展的职业；你应该有能养活你自己的能力，这包括金钱，更应该包括你作为一个成年人的自理能力；你应该有释放压力的办法，而不是动不动就对着父母哭鼻子；你还应当恰如其分地保留隐私权，你会遇到一些对你心动或者你为之心动的人，按照自己的判断行事就好，“悄悄地进村，打枪的不要”，别急于向父母报备，因为一旦如此，父母就会感觉自己担当重任……当你真正活得像一个独立的社会人，而不是一个懦弱无知的小孩，父母才能学会放手。

什么都听父母的话，未必活得不好，可是，我还是认为，不能把自己的幸福和安全感交付于人，那样太不靠谱，而且一旦父母判断失误，到头来大家容易互生怨恨。过了18岁，还把本该过新生活的精力用来与父母纠缠，太不值了。

嫁人是嫁给
一种可能性

ZZ 是一个家境优越的女孩子。ZZ 在两个男人中间徘徊。

一个是恋爱两年的男朋友，穷，没学历，还没能力，但是长得那叫一个好看！

另一个是 ZZ 的父母给她找的金龟，是她爸爸大客户的儿子，家里有钱，自己也有能力，是个奋发向上的二世祖。长得也算端庄，不过比穷男友差不止一点。

对于穷男友，ZZ 自己都说："实在是除了一张俊脸，一无是处了。"

对于金龟子，ZZ 则说："没什么我不能容忍的缺点，感情是肯定培养得起来的，目前也在通电话，还行。"

她面对的问题有两个：第一，穷男人的爱情虽然苦点，但是，貌似会忠诚一些，因为男人有钱才变坏，是不是？第二，找个所谓门当户对的，就一定会幸福吗？

我则扔回她两个问题，第一：嫌一个太没钱，又嫌一个太有钱，你到底是爱钱呢还是瞧不起钱呢？第二，找个门当户对的不一定幸福，那，找个门不当户不对的，就一定会幸福吗？

关于钱与爱情的关系，我觉得很多人像 ZZ 一样是走极端了：有钱人都会变坏，因为没钱才没机会。可是真是这样吗？沦落到用钱多钱少来衡量一个男人的忠诚度，只能证明女人很没安全感，同时头脑好简单。

我是不赞成女人下嫁的，很少有人真的能像幻想的或者标榜的那样，靠爱为生，因为她们没有真正懂过贫穷的意义。J.K. 罗琳曾在一次演讲中说，不要美化贫穷，贫穷，代表无数细小的耻辱。而这些，只有经历过的人才会懂。

当然，嫁个穷的、门不当户不对的，也不一定不幸福，嫁给门当户对的、有钱的，也不一定幸福。可是，既然都是"不一定"，既然感情也差不多，那么至少嫁个有钱的，幸福的可能性会大一些，因为很多用钱能解决的问题都不再是问题，很多因为背景不同而产生的矛盾会变得不再是矛盾。——人一生要面临无数选择，选的不是结局，而是一个可能性。

一个朋友曾这样形象地说明了嫁给穷人和富人之不同：嫁给穷人，为柴米油盐而痛苦，嫁给富人，又因精神贫乏而痛苦，既然嫁给谁都有痛苦，那么，我宁愿享受高级的痛苦。

其实，有钱没钱都不是罪过，在择偶过程中，它们只是一个人的 N 种特征之一。选了哪个，就要心甘情愿接受哪个，再这样挑三拣四搞来搞去，最后的结果可能会是：不管有钱的没钱的，都不会甩你。

关于性的
一些无解难题

最近有好几个读者的困扰，都与性有关——莫非是春天的缘故？

聊了后，只觉得，中国人再怎么崇洋，再怎么搞现代化，装得再怎么 open，骨子里还是爱面子的。不论家里家外，还是床上床下。

有个男人，因为老婆“单纯”，“不好意思跟她尝试别的姿势”，只好求助于成人网和 A 片。偏偏老婆工作清闲，大部分时间都在家待着，选个什么时间、什么地点看 A 片，成了大问题，最后只有“盼着出差”。他强调：绝对没有乱搞，只是在酒店看 A 片。——我乐了，我又不是管扫黄打非的，我哪管得着你乱不乱搞。

有个女人，已经几年没有性生活了，她郁闷得很，老公看着没问题啊，人高马大，身体健壮，也没有晚上鬼鬼祟祟出门的爱好，应该是没外遇的，可就是对那点事提不起兴趣来。她目前正跟一个男网友热乎着，一直在挣扎、挣扎：要不要把心一横，搞个外遇呢？

还有一个女人，已经正式将偷情提上日程了，她说了很多理由：我不能一辈子守活寡；我对家庭是尽到了责任的；走到今天这个地步，是他的问题，不是我的问题……原来，她上网跟我聊天，无非是想寻个支持——呃，美女，原谅我，这是不行的！我不能这么大张旗鼓地说出来！

虽然明知答案，我还是问了这样的问题：有没有尝试跟对方沟通呢？这些对我说的话，有没有试着跟对方说呢？

男人的回答很老实可爱："我没说，但我试过一次，她拒绝了……"

挣扎要不要搞外遇的女人说："几年了，都形成习惯了，突然跟他说，搞得我好像很淫荡似的。"

已经马上要搞外遇的女人则很直接、很一语中的："我不好意思说。"

偷情好意思，上成人网好意思，看A片好意思，甚至跟我，一个基本上是陌生人的人倾诉都好意思，就是跟对方说"你不行，我们性不合"不好意思。

那么多人离婚，打来打去，闹来闹去，找出对方N个缺点，翻出感情不和的N个证据，无非就是在给性生活不协调找个看上去比较不伤面子、比较说得出口的理由。

可见，男女关系，说到底就是两性关系。

也可见，无论都市人如何装得潮、装得前卫、装得潇洒，还是爱面子，性这个字依然很隐晦，甚至很淫秽，大不了挂在嘴上当主义说说。

还可见，不能轻易羡慕别人的婚姻，因为绝大部分的婚姻都在粉饰太平。

写到这儿，突然发现无法结尾了，是啊，提出了问题，总要解决问题才叫负责任，可有些问题，貌似无解的。所以，我在网上发了个征集令，希望大家看了这几个案例，能提供给我一点儿啥有用的东西。

结果呢？收到的读者回复让我小小地惊讶了一下。本来是指望能吸纳点群众智慧，让无解变成有解的，可没想到，跑来的要么是愤怒青年，要么就是林黛玉。

愤怒青年的代表是kangkang：“火！囧！这些大妈的头被驴踢了吧！要偷就让他们偷去，没喝过开水，怎么知道开水会烫人！”

林黛玉的代表是茉莉：“男人得到之后，就会慢慢冷淡你，不再珍惜，要么到外面去乱搞，要么宁肯看A片自慰也不愿碰触你的身体……他现在说爱我，过不了多久也会那样吧？女人好悲哀，好无奈。你的文章搞得我对未来没信心了，如果明知结局，那现在爱了有什么用呢？”

看吧，就是没有解决之道。而且，真正面对性困境的已婚人群集体沉默了。——或许，真的是无解？

愤怒青年的愤怒，我们可以理解成“白天不懂夜的黑”，而林黛玉们，是不是悲观得太离谱了？

很多读者将我当成情绪垃圾桶胡乱发泄，冷静下来后又惭愧地跟我说抱歉，问我：天天听人发牢骚，说不好的故事，你会不会对感情失望啊？

我不会。

就是因为看过太多不美好，所以反而更明白真情有多么稀有、珍贵。那么多人用悲伤的眼泪给我上了一课又一课，他们用实践成就了我的经验。

如果我是林黛玉，我一定会想：男人年纪大了就会性冷淡？那我一定要趁着大家都还年轻，好好享受，把一分钟当成 120 秒来花……

小时候听过一个故事，两个小孩，同时看见一个人从高楼坠下，摔得四分五裂，一个小孩突觉活着没劲，也跑去跳楼了；另一个却说：嗯，以后不能爬那么高。——性格决定命运。

又想起连岳说过这样一句俏皮话："不要因为邻居性冷淡，而影响自己的快感。"请允许我借花献佛，赠送给林黛玉们共勉。

没那么多
“意外的收获”

我一直认为，很多人指责婚姻带来的痛苦，是因为他们对婚姻的期待原本就是错误的。

比如，她与他认识一个月就结婚，彼此没有任何感情，无外乎看中了对方的经济基础，且亲人朋友催得急，不结不足以平民愤。结婚后，她却开始抱怨：男人从来没有给过她一个笑脸，从来不与她多说一句话，从来不给她超过200元的零用钱——婚姻是多么冷酷无情的制度！

难道你结婚时没有预料到，这原本就是必然会面对的结局吗？

你们对彼此毫无感情，不过是搭伙过日子，一厢情愿以这种关系来堵悠悠众口，又怎么能指望凭一纸婚书便能突然摇身一变成为一对恩爱夫妻？你们从来没有浇灌过一朵叫爱情的花，它独有的浓情蜜意便不是你们该得的福利。

不要期待你没有资格得到的东西。所以，如果你的目标就是有人要，那么，能有那个大红本儿就该是对婚姻的正确期待，什么爱情，什么体贴照顾，就不要妄想了。

婚姻是一桩交易，有人交易金钱，有人交易性爱，有人交易社会关系，有人交易后代，当然，更多的人在交易爱情——这是我们提倡的，也是得到幸福的捷径。但并不妨碍我们对其他各类婚姻表示理解，只要当事人自愿，它们就并不丑恶，当然，享受爱情的人们会说：他们居然认为没有爱情也可以生活，这有点遗憾。

是的，我想大部分人最后都会发现，没有爱情，这有点遗憾。所以，总有人一开始兴致勃勃，却逐渐无法乐在其中，而想“顺带捎点儿爱情”。

可惜，没有那么便宜的事。**命运虽然是不公平的，有付出未必有回报；但命运同时也是非常公平的，没有付出就必然没有回报。**所以，我们的生活里多的是“意外的失去”，而少有“意外的收获”。

结果美好
过程才美妙

两个人谈恋爱，是过程重要，还是结果重要？好像大部分都会选择过程，我也不例外，真实原因却只是：已然没有好结果，不选过程，还能怎样？而听了下面这个故事，也许会发现，结果与过程，其实是没办法彻底割裂开来的。

他 13 岁开始追她，15 岁两人在一起，到今年刚好第 15 个年头。前半段也是可以写《那些年，我们一起追的女孩》的，后半段则是《奋斗》。

如无意外，是会白头偕老的。

可是，总有一些“名花虽有主，我来松松土”的人。15 年的马拉松，靠习惯性动作吊命，实则早已累到牙缺嘴歪，哪抵抗得住诚意松土的人？且她发现，自己不仅没有抵抗的能力，甚至没有抵抗的意愿，她提出了分手。

这让他变得疯狂，他拒绝分手，跟踪他们，在大街上指着他们骂；他买了新的电话卡，没日没夜地发威胁短信；他在共同的朋友面前描述她的故事，言辞下流……

这样的情况其实也只持续了一周。一周后，他不知为何突然想通，同她 say sorry，说和平分手，再做朋友。

她却是再也无法接受这个朋友了。她对我说，以前觉得自己是最了解他的，温和，宽容，有教养，现在却觉得那些全是假象，自己怎么会与这样的人在一起了 15 年？想想都不寒而栗。

你看，短短一周的恶，轻易便可毁掉 15 年积累的善。结果跟过程，怎能割裂开来？

如果沈佳仪现在已是穿着睡衣打着哈欠去买打折菜的邋遢妇人一枚，九把刀还会写《那些年，我们一起追的女孩》吗？所以，**过程美不美，值不值得借鉴与回味，其实是由结果决定的。结果美好，过程才美妙。**

以此奉劝闹分手的男女：撕破脸皮大可不必，否则不仅结果糟糕，还令过程变得不堪回首。每个前任，都会成为开在对方心头的那朵记忆之花的，他日与朋友相约“赏花”，别人都有好回忆可以讲，你只有一丛丛恶之花，真是好无趣。

当壁花小姐
遇上猪头男

这周有两封邮件，杯具十分相似。第一个为了男朋友离乡背井，他却注册了 8 个征婚网站，随时打开 QQ 聊天记录，起码有 10 个女人被他称作“宝贝儿”。第二个，男朋友吃喝嫖赌一身恶习，真是烂到头顶生疮脚底流脓，可是胜在帅和不要脸，每次她要离开他，他就舍下他俊俏的脸蛋儿，哭天抹地，作势要自宫、切指头、拿烟头烫自己，最后她总是屈服，然后他总是变本加厉。

两个女人最重要的共同点是：她们俩都说自己长得很漂亮，而且工作和家境都不错，但恋爱经历少，所以很珍惜感情。

劝她们离开当然是必须的。但如果她们对自己的评价是真的，那么我们就要想想了，为什么鲜花总是会插在牛粪上？

再来看我的朋友，货真价实美女一枚，有家境有教养，我认识她时她 23 岁，单身，然后年复一年，大雁往南飞了往北飞，小雁子都孵了好几窝了，28 岁的她还是单身。原因其实很简单：没人追啊！说出去却鬼都不信：你条件这么好，怎么可能没人追！可事实是，这就是壁花小姐们的命运，谁都以为她会有很多人追，最后谁都不去追。

曾经看过一本畅销书上说，不要惧怕当壁花小姐，因为要相信，会勇敢走近壁花小姐的男人，素质会比那些豪放女的男朋友要高。而本期出现的这几位壁花小姐，用自己的经历证明了这在大部分时候只是一句好听的屁话。正所谓缺什么补什么，事实是豪放女们总会想尽办法让良家男人把自己揽入怀中，而壁花小姐们则一不留神就会被脸皮厚心肠黑行动力强的猪头男给拱掉。

只有在同时具备两种前提条件的情况下，该畅销书的言论才可能实现，那就是：壁花小姐有主见，不会被猪头男扰乱心神，而良家男子有勇气，不再自卑，不再羞怯，我自远方赶来，赴你一面之约。

想想都好美。祝所有的壁花小姐，都能和良家男子终成眷属吧！

一个私奔的 17 岁少年
不是姐姐们的必需

我一直很赞同姐弟恋，就像不论多老的男人，永远喜欢 20 多岁的年轻女人一样，年轻男人在某方面，也是成熟女人的回春良药。今天要引用的案例里，26 岁的女人和 17 岁的男孩，如果只是偷偷相爱，那也没什么关系。

但是，却不幸被男孩父母知道。这对父母也是沉不住气，本来这么大的男孩，是越反对他就越来劲儿，他们却被脑子里不断回响的“大 9 岁大 9 岁大 9 岁”激到失控，当即家法伺候，关小黑屋，扔电话卡。这下好了，叛逆的男孩搞了一出“红拂夜奔”，内裤都没带一条，就跑来投奔女人来了，为了怕爹妈找到，连学校都不去了。

女人当然怕了，怕被男孩爹娘追杀。但也被这无知无畏的爱情感动了，她小小声咨询我，他放弃一切来爱我，我要不要为爱情战斗一把？

我说，不要。

她说，难道我跟他注定没有未来吗？

我说，是。

现实的原因还用多说吗？这么小的孩子，斩断了学业，等于斩断了前途。何况，17 岁的男孩，爱情不过基于性欲。今日他精虫上脑要私奔，他日性欲下降，理智复苏，恐怕你就是拐卖良家少男、祸害人前程、致人母子分离的千古罪人。

爱是无罪的，没有错；爱要努力争取，没有错。但真的要看是谁说、对谁说。比如，小三说这种话就只会被人烧死。而你说这种话，待遇不会更好一点。

有些爱，太不合规范，以致成本太高，风险过大。即便不为他人着想，至少也得先问问自己：我到底是否承受得起？这又到底是不是我的必需？

一个会轻易与人私奔的 17 岁少年，绝对不是你的必需。你以为是必需，只是因为你受控于私欲——你沉溺激情，惧怕寂寞，惧怕改变。剩女剩太久，就会有这种烧脑子的问题。

而说到男孩“放弃一切”，真是无语问苍天，除了饭卡一无所有，他有什么可放弃？连学业都是爹妈出钱供的，他有什么资格说放弃？他不过是不懂事，不过是幼稚，不过是被宠得无法无天。真是三天不打，上房揭瓦。

当然，这份情也并非一无是处。至少你知道了爱不只是两个人的事，也知道爱情的承受能力，只能在哪一个程度。而且，经历了这提心吊胆的日子，想必在你以后做了父母之时，也许会更加宽容，处理小屁孩们的感情问题，会更加有技巧。

现在，趁他爹娘还没有杀上门来，给他 50 块打车钱，让他回家找妈去吧！

恨嫁女不能信的情感专家

别人说的话，随便听一听，自己做决定。

逛多了微博，看多了情感类书，便会发现，再著名的情感专家都会说一些不靠谱的话。

“骚扰门”后的陆琪依旧很红，转发率依旧很高，不可否认，他的很多言论，都说得在理，因此很长时间里都是“微言论”的座上宾，但瞧瞧几期转发率最高的两条微博，真是让人倒吸口气。

“每次吵架，无论对错，都应该男人先认输。有时候女人的确是蛮不讲理的，她们不是要证明自己对，而是希望对方让着自己。疼女人的好男人，就得忍得了气，低得了头。”——女人要真信就完了，今日种种因，必有明日果，忍你两次算是给面子，其实全记在小本子上。何况，如今遍地是剩女抢高帅富，90后都磨刀霍霍了，你想当刁蛮公主也要看看资本。即便找个矮穷挫，恐怕也有揭竿起义的一天，感叹有女人还不如自己撸呢！

另一条更恐怖：“不喜欢你的人，看你全是缺点。喜欢你的人，连缺点都看成优点。想让自己变得更好吗？不需要辛苦地改变自己，只要去找个爱你的人就可以。不用减肥，不要节俭，不要扮温柔。

我们不需要取悦全世界，只要在一个人眼里完美就好了。”——你变成不仅痴肥，还挥霍加粗野的女人试试看？找老板都难，还想找老公？其实，**你能嫁什么样的人，你能过什么样的生活，跟你的个人素质是匹配的，这个世界很公平，想找到更好的男人，就得把自己变成更好的女人。**

所以，适当地迷恋哥就好，因为，哥的确会让你爽翻掉，让你感觉到生为女人的虚拟快感，但是，如果你全盘照搬，却只会让你更嫁不出去。而这个问题，因为他是男人，他当然不用担心。

与他类似的言论也出现在《王迪诗看世界》里，她在书里说：“我有 1000 个缺点，我并不打算改，但如果你愿意为那仅有的几个优点跟我在一起，那我们就患难与共吧！”

听起来又很爽对不对？但是，大部分的女人，你们可不可能变成她呢？她是自由自在的专栏作家，有钱，有闲，迷恋男欢女爱的感觉，因为“恋爱令我成长，令我置身天堂也令我堕进地狱，单看沿途风光已值回票价”，她是人生的体验者，而你，只是一枚恨嫁女。

千万不要东施效颦。差之毫厘，谬以千里哦亲！

我洞悉天机
我笑而不语

今天我处理邮件，发现又有一个男小三被骗了。女人说真爱他，但分手却需要时间。他默默等待，忍受她随时回去“谈分手”，她的眼睛那么深情，泪水像珍珠，不得不信，可是，明日复明日，这样三人行的日子什么时候是个头呢？

很像从前咱们经常说的女小三的境况吧？嗯，所有的三人行，都必须有这样一个痴傻的角色，方才能演得下去。

最近这一两年，怨妇样的男小三好像越来越多，相反，女小三的邮件倒是越来越少，估计是知道来了也听不着好话干脆不来触霉头。所有的男人，小到刚成年，大到30多岁，都像同一条流水线上生产出来的：内向，敏感，经历简单，工作普通，沉迷爱情，说白了就是有点娘炮。面对的女人也像同一个人：温柔性感（带来超凡的性体验），强势而神秘（造成此种印象大多是因为经常无故失踪去找另一个男的，且不准这个打电话给她），工作不错（不花男人的钱因此被男人认为是真心爱他）……啊，这样说来的确好像！莫非真的是同一个人？！

或许会有女读者针对本文的第一句来发问，为什么女小三来了你要说她们自己犯贱，而男小三来了你就认为他们是被骗呢？

因为我做了这么多年的情感版，深深地知道，女人比男人爱演、会演多了。

男人泡小三，总是漏洞百出，因为天性粗枝大叶，对手又还是两个娘胎里自带雷达的女人，所以，女小三对于男人是否会真的跟自己在一起，永远只会“装作不知道”，而不会“真的不知道”。

而要去搞男小三的女人，毫不夸张地说，她们真的是一群用生命来演的人啊！只要她们愿意，她们就能演得不仅每个人都觉得她是爱自己的，连自己也相信，自己是爱他们每个人的，不管怎么选都是那么情非得已。

这些年接触过的无数案例，让我可以负责任地告诉大家：一段地下情，只要女人存心想瞒，她可以瞒很久，不发展实际关系只保持暧昧联系的那就生命力更持久了，有人可以长达10年爱另一个人，还能让家庭和谐。而男人，一有情况就容易得意忘形，打游戏认个老婆都要对家里的老婆不好了，瞎子都看得出来你有问题咯！

这其中的差别在于男人单线程，而女人是多线程，且女人们会真心地认为这全是“因为爱情”，再怎么乱来，写来的邮件都弥漫着文艺范儿的小悲伤，要是我不是铜墙铁壁的情感主编，几乎要被忽悠着说“妹妹，你真的过得好苦”了。

因此，说实在的，每次看到男人们将“看你怎么跟老婆交代”当成兄弟间的玩笑口头禅，用这种被管束来体现身为男性的崇高，好像所有的女人都是望夫石，我真心洞悉天机、笑而不语——表现得恨不得将你拴在裤腰带上的老婆，是不是真的那么在乎你呢？嘿，真是天知道。

谁能在现在
买到未来？

有读者跟我爆料，身边一对相差 12 岁的姐弟恋，准备结婚了，男的 25 岁，女的 37 岁。婚礼要做视频，找了两边的好朋友，每人必须对着镜头来一段儿，祝福的话儿不嫌多。

相比这两口子的洒脱，来我这儿咨询的“姐姐”们，气场真叫一个弱爆。此篇文章，即独家奉献给那些想爱不敢爱的御姐。

我碰到过的被弟弟们盯上的御姐，一般来说经济能力都不太差，容貌不至于凋零，趣味不至于作古，还有熟女特有的性魅力，碰上好这口儿的小嫩草，简直就是火折子碰到火药罐子，一发不可收拾。

可是，总是要纠结，还没怎么着呢，就像大难临头似的，急吼吼地自我了断，且倒胃口的总是御姐。

她们主要有两怕：一怕年老色衰被抛弃，二怕亲朋好友不祝福。

在我看来，只要你愿意，两者都可以不成立。

强大的女人，字典里是没有“被抛弃”这三个字的，爱一个人，不过是“得之我幸，不得我命”罢了。如果你总把自己摆在随时可以被抛弃的位置上，那么其实你早就自己决定了命运。

何况现在离婚率这么高，找个年龄相当的就一定能携手到老吗？

一个网友曾给我讲过她研究生毕业10年聚会。当年的几朵金花，如今动作快的已经结第三次婚了，剩下两个没离过的，整场都在左耳听一部分前辈讲攻略：怎么让男人心甘情愿离，协议要怎么写才能永绝后患；右耳听另一半前辈讲女人要对自己好点，最不济香港也要每年去两趟，围着锅台转只会被男人当抹布……

所以，选男人，其实没什么黄金定律，你想赌一个绝对稳妥的前程，是不可能的。

亲朋好友不祝福更是不用担心，他们的祝福是与你的幸福成正比的。

何况，御姐们大多已经有过婚姻，甚至有了孩子，人生大事都已完成，你有什么可失去的？有什么可被耽误的？真要算吃亏，亏的是他的青春，他都不怕，你怕个啥？

所以，如果爱，请用力爱。谁能在现在买到未来？我们能掌控的永远只是现在而已。

让自己幸福
是为整个社会积福

小闵在离开重庆回湖南老家结婚之前，特地给我发了一封告别邮件。她说："上次跟你说过的男人，你说不能嫁，我也看出了跟他绝对没有什么好结果，但如果不回去结这个婚，全家人都会失望，甚至跟我断绝关系也是有可能的，除了牺牲自己，我没有什么其他的办法可想。"

我搜索了与她的邮件往来，她只给我写过两次信。

第一封信是她讲述分手经历。她曾经有过非常美妙的爱情，"最爱他时觉得可以为他去死，即便分手后再回想，还是不后悔"，为了他，她大学毕业后留在重庆。但是贫贱夫妻百事哀，经济的压力，碰上疾病、失业，祸不单行渐渐压垮了两个年轻人脆弱的神经。

就在他们分手后的不到一周，老家来电话了。

简直像老派小说的情节一样：镇上很有钱的那个年过五十的男人，死了老婆，开始算八字招亲，小闵妈打着麻将随手将小闵的八字报给别人，没想到就算出了一个"天作之合"。小闵从小就认识那个男的，比自己爹妈还大也就罢了，"小时候我放学一个人回家，最怕的就是路过他家门口，只要他在，就肯定会调戏我，嘴巴上占便宜，为此我妈还跟他吵过架"。

当年挺身而出保护过女儿的妈妈，自从听男人承诺，只要愿意结婚，彩礼就是一套房子，加 8 万现金，就蠢蠢欲动要把女儿卖了，原因是“你弟弟不争气，没房子以后娶不到老婆”。

小闵气得大哭，给我写了第二封信：“从小，好吃的都是弟弟的，新衣服都是弟弟的，弟弟随便做点什么都会得到奖励，我什么都没有，我就是个用人。我考上大学，爸妈还嫌我学费贵，他读书没用，他们倒是屁颠颠捧着钱求他去学技术，什么都没学会，最多也就嘴上骂两句，还是每天好吃好喝伺候着。他不争气是我的错吗？现在是要姐姐去卖身给弟弟攒老婆本儿吗？”

可是这些话，小闵只能对我说。长到 25 岁，她早已习惯了逆来顺受，早已将无条件服从、牺牲自我、讨好父母植入自己的基因，面对家庭，她一日为奴，终身为奴。

但我从来就对“牺牲”二字保有本能的警惕和抗拒，不仅因为“牺牲”抛弃了最重要的个人价值——中国树立的各种模范向来喜欢搞这一套，好像如果不泯灭自己作为一个小我的人性，模范们就闪不了光了——更因为所有的牺牲都是要得到报答的，**这世间不存在不求回报的牺牲，一旦牺牲得不到期待的回应，它会转化为吞噬一切的怒和怨。**

就小闵来说，她下意识里期待的回报，就是父母能够认同、喜爱、尊重她这个女儿，把她的牺牲视为一种必须终身感激的恩惠。这是她在重男轻女的家庭中，最后的翻身仗。

可是，听听她妈曾经说过的话：“你嫁给他是去享福，你忘了你每次放学从门口走他老是逗你？你小时候他就喜欢你。”这么多年过去了，她早已选择性地遗忘自己当时为了保护女儿怒骂流氓的心情，时间把她变成了一个恬不知耻的母亲。

你的牺牲，换不来你的期待的。

从小我们接受的教育，都是要舍弃“小我”而成就“大我”，但我从很小的时候就从来不敢苟同这个观念。我觉得这世上的每一个人，都要先顾全“小我”，“大我”是有余力的时候才能顾到的事，而且所有能真正成就“大我”的人，也必定是“小我”先得到极大满足的人，因为只有这样，他们积极的向善的能量才会源源不断地产生。关于人性的基本常识就是：不要指望活得又挫又憋屈的人，能有什么高尚的思想。

所以，最大可能地让自己幸福吧 everybody，自私一点又怎么样呢？没有自私过就像没有拥有过，妄谈什么无私呢？让自己幸福其实是为整个社会积福。看看悉尼的人质劫持事件，或者随便看看什么犯罪新闻，你就可以轻而易举知道，一个人一旦对个人生活不满，他（她）可以做出多么有毁灭性的事。

EX控
注定把未来落在身后

有一种人,应该叫EX控,永远在怀念前任,永远不知道珍惜当下。

两个案例,一男一女,有惊人的相似之处。

她,与前男友分手3年后,才重新恋爱,谈婚论嫁时,却与前男友渐渐暧昧终至复合。好吧,如真能幸福美满过日子倒也可以说吃得了回头草的才是好马,可是,在一起不到一年,她又分手了,现在开始,重追那个被她悔婚的EX。

他,和她一样,目前正在苦心孤诣重追EX,而要问当初为什么会分手?噢,那又关乎上一个EX——因为他总是忘不了上一个,才会把当初的现任,变成现在的EX。好乱,但愿大家看懂了。

在QQ上和朋友讨论此事,她说:“正常,前任终成炮友。”这种情况当然有,可我觉得,把解释不了的吸引都归结为下半身,就像把解释不了的现象都归罪给老天爷,还是太过轻率了。

当一男一女最初的恋爱激情退化之后,如果未能及时调整心态、找到合适的相处模式,他们在一起,就只会越来越着眼于对方的坏。

分开了，一分泯恩仇，反而更容易冷静地感念对方的好，分手的时间越久，你能想起的好就越多，坏就越少，甚至到最后你会觉得，TA 给你带来的伤害都是情有可原的，而反观自身，则居然有如此多这样那样的不足。

因为我们的记忆，都有自动净化功能，会渐渐过滤掉不好的回忆，并下意识地渲染美好的部分。比如，大家回忆起童年，都会讲得很有趣，连被小团体整得头破血流、被老师当众羞辱等小时候觉得无比痛苦的事，也能当成笑话讲。正常人都是对记忆宽容的人，只有偏执狂，才会强迫自己留在恨里。

这就不难理解为什么有人那么 EX 控。游戏失败后，总想重新开始一次，于是，很多人与 EX 的关系走势就变成：恨不得杀 TA 全家→一般性敌视→某个契机后的伤春悲秋→打情骂俏搞暧昧→彻底地旧情复燃。

不是没有成功案例，许志安和郑秀文也是分手 6 年后才复合的。可是，EX 控们一般不会有这等好结果，因为他们并没有将前任当成一个全新的人，他们被吸引的，始终是记忆里的那个 TA，而当初造成分手的那些原因并没有消失，优点倒是被你数倍放大，再次失望几乎是必然的。

EX 控们，不要沉溺过往。你一直往回看，就不要怪未来永远落在你身后。

打不死的火凤凰
都有隐形翅膀

这一次，我不是解读者，我只是记录者。

她给自己取名叫小半，让我想起小而冷的、遗世独立的孤单，她却也是这个冷到面瘫的冬日，给我带来最大温暖的读者。她不到25岁，但故事已经足够写一本《我的前半生》。

前半生的前半生，她是留守儿童。3岁时父母便离婚，她跟着爷爷奶奶生活，此后到12岁时才第一次见到母亲，母亲却不想要她；初中毕业离开重庆去昆明投奔父亲，又被父亲和继母嫌弃。他唯一给过她的“温暖”，是他抚摸了她的头，但说出的话却是：“15岁，可以出去打工了。”

那些年，她没有朋友，不说话，走路永远低着头。可是老天给她多舛的命运，却也给了她极高的天分，她一路重点学校地读下去。大二时继母断了她的学费，她只是冷静地问了一句：“妈，真的不能让我再读了吗？”确认之后，二话没说开始打包离家，她知道她没有时间悲伤，从今以后能依靠的只有自己这一双手。她给学校递交缓交学费申请、做兼职、拿下几乎所有的奖学金（居然因此日子过得比从前还要好），并从此与父亲彻底形同陌路。

恨吗？开始的时候不是没有恨过，“因为我所有痛苦的根源都是他们，但是慢慢地我想开了，恨是对不起自己，每个人有每个人的悲哀，所有的一切以后自会有定数”。

前半生的后半生，是她种下的因，开始收获了果，这就是命运的定数。

大学毕业后，英语超好的她考入一家奢侈品销售中心。她聪慧豁达，有目标，能吃苦，懂进退，岂是从小被捧在手心里的乖乖女们比得上的？她迅速被重用，半年后便跳槽到某大牌的中国公司。

现在，她薪水福利俱优，还有教父一样的外籍好友，好友做NGO，信佛，善良且有大智慧，他的存在，让她一天比一天更抛弃恨，沉静心灵。还有个超级富二代男友，他们，从她与他偶遇、对他的家境一无所知开始，从他的谨慎开始，最终深深相爱。

问题出在这个超级富二代男朋友的父母——这样一个出身不只是寒微的女孩子，如何能答应？他母亲给他半年时间，然后就要押他回新加坡了。他说，如果到时候他还是没有想出办法，他就什么也不要了，跟她在一起。她却问他，你确定自己能放弃你现在所拥有的一切？你父母好不容易培养你，我轻易拿走，他们岂不是会更恨我？

是，她没有怂恿男友与家庭做激烈对抗，她准备诚恳地和他母亲谈一次，她说：“能解决就奋力解决，不能解决就好好接受。人生，总是有得有失，该过去的，终会过去。”

看出来了吧，有隐形翅膀的相伴，她才是从泥沼中飞起来的、打不死的火凤凰。而就如我不是解读者，她也从不是寻医问药者，这只是一种基于信任的诉说，就像一次闺密的下午茶。该做什么，她从来无须人来说，且她从来知行合一。而看这篇文的读者们，该从中得到什么，我也无须多说了吧？

第四辑

人的一生，所有的爱与哀愁，全始于内心，而不系于任何其他。如果心灵不够强大开阔，缺乏控制，负面情绪便会像小河上鬼魅的水白菜一样，蔓延整个心湖，让它变成一潭死水。

你的糟情绪
你被辜负的美丽

近日参加一次聚会，见到两个可人儿，一个圆圆脸，不绝顶漂亮，但小眼睛弯弯又亮亮，一笑之下，可以让人心旷神怡似窥见美丽新世界；另一个鹅蛋脸，五官及妆容都精致，笑容也得体，当然是美的，可美得让人浑身不对劲。晚饭后，“小圆”兴奋地拉着大家做幼稚的游戏，“小鹅”保持微笑全场参与，很得体啊，却依旧让人觉得不对劲。

一直到散场，我才终于明白，对，是“小鹅”的眼神和笑容，太冷，太僵，太有……杀气。

然后从朋友那里听到“小鹅”的事情，老公外遇，她却坚持不离婚，两年了，她要玉石俱焚，拖也要拖死他！

哇，真是一个坚强的女人，可惜方向错了，进步便成了退步。

“小鹅”的脸让我相信，嫉妒、仇恨、不甘、自卑等等的负面情绪，长期浸润之下，真的会改变一个人的长相。用两个小时化出来的妆，可以掩盖雀斑、粉刺和黑头，却掩盖不了僵硬的面部表情、怪异的眼神和从骨子里散发出来的阴郁。

人人都有第六感，虽不至于人人都能透视过去，预知未来，却能像我那样，至少觉得不对劲。这就是为什么我们容易与那些可爱通透的人莫名地亲近，而与另一些人会下意识地保持距离，因为他（她）的面相已经泄露了内心的秘密。——而这，也是一位号称半仙的人“预知未来”的诀窍：**由面相推断性格，而由性格决定命运。**

人的一生，所有的爱与哀愁，全始于内心，而不系于任何其他。如果心灵不够强大开阔，缺乏控制，负面情绪便会像小河上鬼魅的水白菜一样，蔓延整个心湖，让它变成一潭死水。世上有那么多好玩的人和事，一个男人而已，犯得着吗？谁没有倒霉的时候？“小鹅”走到今时今日，用两年的不甘和仇恨锻炼出一张杀气腾腾的脸，不过是囿于自己的负面情绪里不肯出来，这出惨惨的皮影戏，唱戏的是你，听戏的也是你，执拗的、寂寥寥的你。

不要张口就怪男人，不是男人戏弄了你，而是你辜负了人生。

别太快
跟男人睡

女读者 G 目前处在一种让人抓狂的恶性循环里，她与老公，无论为什么事情吵架，最后总是以一顿相互的暴打来结束。

这顿暴打的开端，就是当老公不知道找什么话来应对 G 的伶牙俐齿时，就会甩出撒手锏："你这个随便的女人！"于是，演出开始了。——而这顿暴打的结束，则是一个更深的心结，在某时，当 G"想起来就难受"时，即便脸上的伤都还没好利索，就又忍不住开始新一轮战争。

原因很简单，G 和老公在恋爱第五天，她就没守住防线，在他的猛烈攻势下溃不成军了。

这让我想起我的一个女朋友，她在泰国旅行的时候碰见一个香港人，成本会计师，有钱又有型，让她一见倾心，相约同游的第二天晚上，他们便干柴烈火了。

那短短的四天，像发了一场高烧，美妙到可以记到下辈子。可是四天后，他们一个回上海，一个回香港，气温就陡然从赤道到了北极，她疯狂地给他打电话、发邮件，他却一直躲闪，他给她回的唯一也是最后一封邮件里说："你的热情让我很害怕。"

这就是所有问题的症结。在本能中，不论男女都喜欢水到渠成的激情，爱和欲本是一体，就跟随心意，让天崩地裂，日月无光吧！可是，在现实里，大家都不约而同地相信，只有隐忍、控制，甚至死撑，才是值得珍惜的。

因为在尘世中行走的每个人，内心都对这个光怪陆离的世界充满了怀疑和不安全感。没有经过艰苦奋斗就得来的东西，就像俩钢镚儿博中500万，容易让人不大确信。

我想，G的老公不是不珍惜，如果真的不珍惜，也不会结婚了，只是结了又忍不住一直心里惶惶然，所以不是不珍惜，而是不敢珍惜，怕这爱情如春日里扑闪翅膀的蝴蝶，一阵微风吹来，就要离去。

所以，年轻的女孩们，即便他真的表现得很急切，也请不要让关系进行得太快，如果他爱你，他自然会懂得并享受这个再也不会重来的时段，就如微火炖浓汤，这过程充满了渴望和氤氲的雾气，如此压抑，又美得彻底。

不要太铺张
安静爱一场

Eva 上周还在恨嫁，这周就昭告天下，说有人来做她的单身终结者了，还要隆重介绍给大家。可是，来人推开门，看见一堆陌生男女心照不宣地朝他眯眯笑，却一脸错愕。——这位男士显然还没准备接受这么大的“惊喜”。整晚，他的勉强和 Eva 的神采飞扬，鲜明落差贯穿全场。

第二天男人接到 Eva 打来的电话，Eva 没心没肺地大谈昨晚朋友对他的看法：“他们说你好腼腆啊，我说你就是像小男生一样羞羞的啊……”还没说完就吃吃地笑。

男人开始一直沉默着，听到这里就开始无语地笑，他问：“我们统共见面不过五次。你觉得这样合适吗？”Eva 再怎么大条，听到这儿也觉得不对劲了，男人的言下之意其实就是“我跟你很熟吗？”

Eva 沮丧地说：“爱一个人有错吗？”当然没错，错只错在你太“铺张”。

有这样一种人，总是热衷于将自己的感情曝光于睽睽众目之下，有的如 Eva，沉浸在幸福中的女人，迫切需要得到全世界的祝福，场子铺得太大，却反让主角尴尬；还有的，和爱人闹一丁点儿矛盾，就要到处去喊冤，父母、朋友、同事，人人都成诉苦对象，也许你只是为了发泄，添油加醋说些片面之词，听者却以为自己必须对你担起责任，于是，你的他，或许只是因为一点点的误会，便弄到千夫所指。等你骂舒坦了，想回去和他好好过日子，已经身不由己，一身正气的听众们不答应，你的他一旦知道你在背后如此诋毁，还不气昏？不过是一些芝麻绿豆的小事，却因为你过于“铺张”而闹到不可收拾，用脚指头算算也知道划不来。

说来说去，“铺张”还是因为没主见。有主见的人知道自己要什么，什么样的爱情能让自己幸福，至于别人的看法，只能用来锦上添花；也应该懂得，感情是很私人的问题，一个成年人必须有冷静处理情感问题的能力，一点小破事，就要弄得满城风雨，破坏别人的好心情不说，还显出你多么浅薄。

这纠缠的情场，谁辜负了谁？谁忘记了谁？你的伴侣和谁交换？谁的起点？谁的开端？说不清楚。请珍惜身边这个人能给你的不足为外人道的愉悦和悲伤，好好地、安静地爱一场。

孟广美
才是前妻们的人生导师

最近，某周刊曝光某明星被“大师”骗去300多万。每到这种明星倒霉的时候，网上必然会欢快地补刀。比如这一次，就又有好事者开出盘口《盘点孟广美等惨遭骗财骗色的十大悲催女星》。等等！孟广美？被骗的不是那个谁谁谁吗？噢，然后大家秒懂了。孟广美，在“被骗界”就是珠穆朗玛一样的存在。

那我们就借着这股风，来重温一下孟广美的故事吧，但我不想再说那件人尽皆知的被骗故事，我想回顾的是她的婚姻。

2013年，孟广美被曝出已经和北京世贸天阶投资公司董事长吉增和结婚。随之而来的，是吉增和被前妻张秋华控告财产分配不均。开庭前，张剑拔弩张出言恐吓“我要你们家破人亡”，晚上却又去电向前夫求和，“自己没有恶意，一切都是为了孩子好”。

吉增和某位亲近友人厌倦地对记者摇头说：“2005年到2010年这5年间，他们仅有的对话都是跟离婚一事相关，完全没有其他交集。”

张秋华的怨恨，当然是可以理解的。

她也曾是模特，如若不遇到吉增和，只比孟广美大1岁的她，说不定会成为另外一个孟广美。1990年她与吉增和在一起，两人从忙到三四点却只月入几百的小饭馆开始创业，到了飞黄腾达的时候，却离婚了。跟了他20年，离婚补偿虽是不菲的2.4亿和若干房产，但是转头一对比，他给新欢孟广美一年的花费就超过两亿。这口气怎么咽得下去？于是，一边要钱一边要人来了，完全没想，婚都离两年了，现在来闹，不是让人看笑话吗？

这些年，看了太多心有不甘的前任，常年以要么搞死要么搞散为己任，真是状如疯魔，神憎鬼厌；又看了太多被前任纠缠的现夫现妻，不怕贼偷就怕贼惦记，真是大脑小脑脑干一起肿掉。所以我常觉得，“你幸福所以我幸福”这句话，是说给放不开的前任们听的。

只是离个婚而已，你就自己给人生画上句点了吗？当年感情生变却死不放手已是浪费生命，而今即便要到了钱，更不过成为笑柄，失去最后一点怜惜和尊重，更成全联手抗敌的他们情比金坚。

有那一哭二闹三上吊的功夫，还是一边好好过日子，一边寻摸着谈恋爱来得实在。

在这一点上，孟广美足以成为张秋华们的人生导师。

看看这个倒霉孩子吧：2006年乘坐的直升机坠机入海，差点淹死；2008年，相爱4年的意大利籍男友骗光她毕生钱财（也就是让她成为珠穆朗玛的那一桩子事），生活拮据到连公车代步这种明星打死也不能做的事，她都做了；2009年又得了疑似猪流感，差点拿过去……

要知道，令她人财两失、被无数人看笑话的那记情感重击，是发生在她 41 岁的时候啊！ 41 岁，已是很多女人觉得人生再无其他可能的时候。

但是，这个女人的字典里，没有放弃这两个字。果然，几个月后，她就坐廉价航班，住廉价旅馆，和家人度假去了；再过几个月后，她又恋爱了，第一次约会，她给那个男人讲的故事，就是如何召集保姆，将卷了钱财想逃跑的前男友用绳子绑回来，这个让吉增和差点惊掉下巴的故事，却由她笑着像说书一样讲出来。我想，那一刻的她，定然极有魅力，我如若是男人，也会爱上吧。

她的很多言论，现在看来都是可以直接送给张秋华们的心灵鸡汤。

“**我相信当你遇到事情的时候，你要坚强起来就一定能坚强起来，你可以做选择。**你要哭天抢地，你一蹶不振，那么你连东山再起的机会都没有，你一辈子就完蛋了。你愿意一辈子完蛋吗？如果你不愿意，另外一个选择就是让自己好起来，振作起来！”

她当年是不是小三上位，到底有什么重要呢？重要的是，此时她早已 360 度完胜原配。张秋华们该想想，什么才是一个前任的“输人不输阵”，那应该是你拥有全新的人生。

舆论杀人，何止阮玲玉

上一篇文《孟广美　才是前妻们的人生导师》，我发在了博客上，绝大多数人是赞同的，比起费尽心血让前夫没有全新的人生，前妻们如何拥有自己全新的人生，是更重要的事。但依旧有那么一些人发出此类评论："男人抛弃结发妻子还那么高调再婚，就是贱！就是错！""你居然偏袒孟广美？你老公要是抛弃你了你还能这么淡定我就佩服你！"真是把我看笑了，这智商不会高于 79 吧？

一段关系出了问题，看客们最顺其自然的反应，为什么总是男人错了？闲着也是闲着，我们就来掰扯下吧。

举朋友的例子不大好，这种脏活儿累活儿，必得要明星来上。我们就来回顾下孙楠和买红妹吧。

买红妹在最近的新闻里已经是"娱乐圈励志单身母亲代表"，但是曾几何时，面对孙楠和潘蔚的新婚，她也做过一些可能现在想来会有一些些脸红的事。

买红妹上了节目，哭天抢地，说离婚时曾痛苦得想跳海自杀，——随即孙楠公开怒斥买红妹"眼泪和谎言是迷幻剂，她可以欲盖弥彰，颠倒黑白"。随后，买红妹就给"他爸"发短信承认"纯属胡编"只为宣传新剧。

那时候的买红妹，同为前妻帮，但还不如张秋华，张秋华的怨恨，好歹还是本色演出，她是真的不甘心，而买红妹的泪水，是实打实的演技。

但是如果观众们还记得那时候的微博讨论“到底相信哪一方”，啊，你们肯定不记得了，我也不记得，但我的记事本上有一个记录：“压倒性胜利，选择相信买红妹的，有16264人；选择相信孙楠的只有2903人。”

为吗？

支持孙楠的某位男士哀怨的评论几乎一不小心就真相了：“为什么感情一出现问题，错的永远都是男人？对女人来说，这世上没有坏女人，只有坏男人？舆论杀人，何止阮玲玉。”

孙楠牌阮玲玉和孟广美老公吉增和的故事告诉我们：只要是男人提出离婚的，只要是男人先再婚的，不管前因后果如何，女性世界的多数舆论，自然而然地便会将矛头对准男人。

这样的舆论，表面繁华，看着像女性敢于向男人斗狠的女权意识，但实则，这是一种虚弱的、下意识的被迫害心理。总有那么些女人，无论学历有多高，无论长得有多美，无论在职场打垮了多少男人，无论在社会上拥有了多少话语权，她们在两性关系里的自我定位，依旧是弱势群体。

她们从内心，早已将婚姻的主导权，交付在男性手上。似乎男人愿意保全婚姻，便是身为女子的至高荣誉。于是，其他女人只要成为前妻，都会令她们生出唇亡齿寒之感。

有什么样的心，就有什么样的命。这样的心态，阻碍女人真正公正地看待男女关系，阻碍女人把自己当成独立的、有自我选择权的人，也同时阻隔了男性对女性的尊重。

当年不假思索便将“正义之剑”举向孙楠的虚弱的芸芸众生，要知道，离婚前离婚后都不乏新恋情，又演戏又当制片人的买红妹，日子其实过得很爽，她真的没你们可怜。

永远不要把幸福放在男人那里

有个女读者给我写信，说她长期被家暴，但是两个人都不愿离婚，丈夫不离是因为生意做太大，大家族里不成文的家规里，是没有允许离婚这一条的，不知道要分多少钱走呢！而她不愿意，是因为，她做了9年的全职太太，她不知道自己除了做家事还能做什么。

健全制止家暴的法律当然刻不容缓，但是我觉得眼下更值得大家思考的问题，其实是：女人的幸福感究竟应该来自哪里？

如果要谈家暴，最出名的家暴事件，当然不得不说疯狂的李阳，而刚好，被家暴的对象，他的前妻Kim，也是一位全职太太。

在离婚前，他们结婚12年，这些年里，这个疯狂的老公每个月只有一两天时间在家。试想一下，如果你是Kim，长达9年不眠不休地照顾相继出世的3个孩子（离婚时分别是9岁、5岁、3岁），离家万里，无亲无友，每天眼睛一睁就是一个烂摊子等着她，老公不仅不帮忙，漂亮话儿也全部奉献给英语，夫妻之间交流基本靠打——你还能不能保持理智？

我相信，真正的暴力狂是极少的，一个正常男人的拳头，绝对不会随随便便落下来。结果，往往不是唯一的真实。

在李阳第一次曝出家暴消息的时候，凤凰网《雪夜漫谈》曾经采访过他，主持人问话客观，他的回答也算坦诚。只是当时，全国的女人都在激愤之中，恨不得除之而后快。而现在，当我冷静重读采访记录，我发现，这档子事，有我们一直刻意忽视的另一面，而李阳，就像一个失败者反方向总结成功经验一样，他的某些关于夫妻相处的言论，简直堪比情感专家。

“一个人的幸福是把握在自己手里的……（如果）你的妻子幸福在于你要哄着她，你要做各种努力的话，我觉得你一定会很辛苦，很压抑……因为你不是发自内心的，压抑最后一定会爆发。”

“男尊女卑是男人造出来的理论，其实女人的实力很强大，在我生活中更多的是男人要陪着各种小心，时代已经改变。（对此次家暴）不要简单理解成是一个强者对弱者的欺负，其实双方都必须承担责任。”

“女人一定要反思，要有智慧去把这个家，变成一个充满智慧的能量场……女人不要把幸福放在男人那里，隆胸也好，做鼻子也好，割双眼皮也好……如果她要依赖别人来表扬她，其实她就是不幸福的。”

先不要忙着说这是狡辩。扪心自问，这些话说得对不对？

“永远不要把幸福放在男人那里，一个人的幸福是把握在自己手里的。”虽然从这个数次对太太挥起拳头的男人嘴中说出来令它充满了怪异，却是不折不扣的真理。

如果我是 Kim，我从一开始便不会允许自己过这样毫无自我的生活，我绝不会放弃工作，我不会将我的人生，付之于无休无止地抱着孩子等着男人回家、等着男人安慰、等着男人大发善心。

她不知道，在中国，全职太太并不是一个人道的职业，它甚至根本不是职业，它的幸福感，几乎百分百地来源于男人是否愿意继续爱她。因为中国几千年的传统观念，已经给男人和整个社会植入了毒血：不管你为家庭付出了多少，最终，给钱的才是大爷。

分手后的言行
泄露你的品性

看到条社会新闻《27 岁男子无钱买婚房　交往 4 年女友投入房东怀抱》，故事的大概是这样的：男的家中贫困，但是上进，大学时就自己打工养活自己。毕业后，做过销售狗，当过司机，现在经营着一家生意不大好的洗车场。女孩四年前刚认识他时，是被他励志的故事感动了，她觉得如今这种世道，不依靠父母全靠自己一双手的男生太帅了，这就是自己梦寐以求的初恋。

但她妈不干，她父母很早离了婚，她由妈妈一手带大。妈妈不好明着阻拦，就给男生设定了一个看起来就不可能完成的任务：3 年内，必须在武汉买套 120 平方米的住房，贷款金额不能超过 30 万。

然后男生开始起早贪黑地赚钱啊赚钱啊赚钱，当然，老妈妈吃过的盐比你吃过的米还多，就是看准了你达不到啊！于是果然达不到。于是，四年感情面临分手。

不仅如此，男生发现，女孩居然跟他们的房东，一个三十多岁的离婚男在一起了！男生认为，这全都是因为自己没房子，于是一怒找了报社记者："爱情算个屁，房子才是硬道理。"

记者也采访了女孩，女孩表达了两层意思，第一层是愧疚："他现在一定很恨我吧，我确实有些对不起他。怎么说呢，他真的是个很好的男人，很有责任感。”另一层是表明自己不是贪钱，“他（房东）也有他的优点。我选择他，并不只是因为房子。”

这条新闻下面的评论，大部分都是骂女人的，少部分人说全因男人无能，新浪微博的调查显示，只有两成多的人投给了“这样的女人可以理解”。

我很惊讶这个数字，为什么理解的人那么少？**每个人都有权利选择要过什么样的生活，每个人都有自己的择偶标准**，就像以前我说过男人的处女情结，他们真的值得被骂到那样狗血淋头吗？虽然是狭隘的，可这就是他的选择、他的权利，他自愿选择把找到老婆的概率变得很小，那么变成老光棍也是他自己的事，你不鸟他就行了嘛，为什么老要别人按照自己的路子生活呢？都走一条路的话，那条路也太挤了吧。

而这个女孩，她也曾是那样善良单纯的少女，她也曾为爱痴狂，陪一文不名的男友打拼四年，可如今，26岁了，开始恐惧青春的逝去，想过安稳点的日子，又还有喋喋不休的妈妈日日碎碎念——想一想，她和我们身边那些朋友，和我们自己，又有什么不一样？何苦要这样被道德绑架？

以前我总劝人：别算计那么多。现在我有时则会劝：如果你实在控制不住，那么就尽情地去算计、去比较，做就做到极致。人性本恶，今日要你勉为其难只谈虚妄的爱情，总有一日你还是要穷于算计。与其结婚之后，为谁管账、谁有小金库、谁的婚前存款多少、谁的礼物值钱几何，钩心斗角，以致天天觉得自己划不来，不如婚前好好算个清楚，心下坦然了，才可以好好谈谈爱情。然后买定离手，愿赌服输。

谈到愿赌服输，我得说，这位前男友，所作所为真的令人唾弃。感情消亡本是常事，他却可以昭告天下，字字句句将女孩往拜金上面扯，全然不顾之前那四年，这女孩是如何支持他、鼓励他、为了他与母亲对抗。只因爱上的人比你有钱，便要被千夫所指吗？

分手之后的一言一行，真的可以看出一个人的品性。动辄控诉前任的，必是睚眦必报心胸狭窄之人，这些不懂得“凡事留一线日后好相见”道理的，真的本身人品就有问题。换我我也要选房东啊，哼！

以结婚为目的的恋爱
才是耍流氓

几年前，曾有一句话如石破天惊：任何不以结婚为目的的恋爱，都是耍流氓。

走到今日，随着剩男剩女们集体想拿结婚给人生垫底，我感觉，动辄以结婚为目的的恋爱，似乎才是耍流氓。

又或者说，他们根本没有上升到“恋爱”，而仅仅是“处对象”——只看条件是否相配，根本没关心这个人是不是我爱的，这个人又是否爱我。

当剩男剩女将“圈子窄”“没时间”“没缘分”等借口挂在嘴上，父母相中的对象往往成为他们的首选。

最近聊过的一个女读者，和很多剩女一样，正在处的对象是在自己还没见过面之前，先由父母审定后送到她面前的。第一次见面，便像两个家族的谈判。

之后男人回到成都工作，他们的交集仅仅限于为数不多的聊 QQ 和电话，但是一问聊什么？内容让人无语：“主要是谈我们的工作，毕竟分隔两地，如果结婚，以后到底是他回重庆，还是我去成都，这些都是大问题。他一直在劝我过去和他住一段时间，好加深了解。但是我还没做好准备要发生关系，所以一直在犹豫。我爸妈也觉得，即便要在一起，也是他回重庆比较好。最近，他似乎对我有意见，说我没有恋爱的诚意。你说我该不该过去？”

是不是和我一样，觉得这次序真是乱得可以？

结婚的正常次序应该是什么？是“两人相爱→相处磨合→有结婚意愿→见双方父母→正式结婚”，而他们的次序则是“见父母→决定结婚→尝试相处→正式结婚”，他们的次序不仅颠倒，而且，最重要、最根本、应该最先具备的要素“相爱”，到底在哪里？在哪里？在哪里？

没有爱，甚至离了照片连对方的脸都记不得，却已经在商量着“住一段时间加深了解”，还说不是要流氓？哼！

活着活着，很多人就渐渐活回去了。从前不屑一顾的门当户对、包办婚姻、揭了盖头就上床，却似乎成了他们婚姻的基石。**当大家在抱怨这社会缺乏真爱的时候，扪心自问，自己又将“爱”这个字眼儿扔到了哪个垃圾堆里？**

不论有多少人告诉你们“嫁人是嫁给一群人”，你都得知道，结婚始终首先是两个人的事，随后才是两家人的事。结婚也始终应该是爱情发展到一定阶段后，基于“我们想一起生活”而发生的一件顺其自然的事，而不是在两个人还一点了解都没有的情况下，就确定下来的一个目标。

结婚不是一个目标，它是一件足以改变你人生的大事，它是责任，更是快乐，它是你内心真正的需求，而不仅仅是一个“交代”。

你会在货还没看的情况下，就付账吗？婚姻这个货，退起来可不像淘宝买了个“运费险”那么简单。

你，还要再信
已婚男上司的爱情吗？

陷入爱情中的女人，可以傻到哪种程度？答案是：无下限，足以让职业经验已达11年的情感主编话都说不出，只能抽凉气。

因为她拥有极高的智商，在外人眼里是一个“成功女性”，所以，这种低智的错误，更加让人难以接受。

是的，我又要开始讲“爱情恐怖故事”了。听了那么多，如果一直要这么恨铁不成钢地憋在心里，姐姐我也要内伤呢！

七年前，他谎称未婚追求她，等真相出来，她却已被“爱情”迷了眼，“除了你不会再爱别人了”，为这一句，她心甘情愿变成赚钱机器，呕心沥血，他接下的case，全是拥有极强业务能力的她在负责。她助这个蹉跎男鲤跃龙门，从住小房、开二手小破车，到住别墅，开豪车，最后她该得的钱，却没给，说是以后一次性给，理由也很“温暖”呢：“你像小孩子，给你你又要乱花。”

七年后，这个神经大条到不能再大条的女人，偶然发现他早已离婚，而且早已再婚，甚至二婚的孩子都生第二个了！多亏那个描述欲强的客户，就是这样她才发现，他描述的此老婆，和她知道的彼老婆，怎么不是一个人？客户说，很久就知道他有老婆，还是他自己主动介绍的。——在共同的社交圈里，他根本连瞒都没想瞒。

也就是说，这个男人，甚至根本没下功夫骗，可能连他自己都要震惊吧，当初那个“我爱你”的谎言，生命力居然顽强到可以撑过七年！

她不同于以往我接触到的任何一个女人。通常情况下，女人过于依赖一个不靠谱的男人，往往是因为被金钱或者性快感绑架。而她，既没有得到钱，甚至还一直保持着纯洁的身体，她觉得，他不跟她上床，不跟她结婚，也许才代表这份感情是多么纯粹。这些年，她只知道埋头做事，抬头做梦。

我真是极大地被冲击到了：为她的重情、她的愚笨、她过分的单纯和她被辜负的信任。

什么样的帮手是最忠诚的？不是给钱最多的，不是人品最好的，是爱你的。**这就是总有那么多男老板，要和下属搞暧昧的原因。因为他们知道女人的弱点，知道女人可以为了虚无的爱情，奉献自己、抛弃原则，到哪一个地步。**

说到最后，那男人的老婆，倒是一个大奶典范。她一开始就知道有这么个女人存在，可是，她毫不介意，她和男人一起，利用着那个女人的辛勤劳动——多尽职的免费壮劳力，甚至还不跟老公上床，简直连小三都算不上。

那天，那个得知真相的女人在电话里质问男人时，这个大奶温柔地、用话筒那边刚好可以听到的声音轻轻说：“老公，吃饭喽。”

听了这句淡定到爆、牛 × 到爆的话，你还要再信已婚男上司的爱情吗？

男人对女人最大的承认
不是婚姻　而是爱情

如果一个男人说，他跟你结婚，是因为你合适，你会不会嫁他？

交往那么久，一句“我爱你”都没有说过。每次被逼问，他总是说，说那些虚的干什么，男人给一个女人最大的承认，就是婚姻。

是吗？当然某方面是。男人对“我该与什么样的人结婚”总是很有主见的，所以，女人们不必相信那些男人口中千奇百怪的拒绝结婚的理由，所有的理由背后的理由，其实都是“我不想跟你结婚”。

但是，女人是否听懂了“男人给一个女人最大的承认就是婚姻”这句话中蕴含的文字游戏？那就是：承认，到底跟爱有没有关系？即将要当人家老婆的你，需要的是不是仅仅是男人的一个“承认”？

要知道，在现在这个社会，婚姻本身所代表的神圣意义，已经远不像大家想象中那么高了。

有人结婚只为躲避现实，“工作好累，找个人嫁了算了”，似乎结婚是解决困境的便捷方法；有人结婚只为堵爹妈的嘴：“怎么还不结婚？”好，那就结给你们看，就像上淘宝搜货，基本筛选条件一条条摆上：相貌端庄，家境中上，会做饭，不赌不嫖不吸毒……符合的即刻下单，只图从此耳根清净；

有人结婚只是给彼此一个交代，感情淡了，但谁都未犯七出之罪，怎好意思提分手？罢了罢了，左手摸右手，得过且过吧。

连同性恋也会为了掩人耳目方便搞基，而找一个糊涂蛋结婚，有专家说中国的“同妻”数量不下2000万，多么可怕的数字！

太多的婚姻，初衷何止不是爱，是连“好好过日子”都没想过。对他们来说，老公老婆，只是承载自己的虚弱、贪婪、胆怯的一块垫脚石。

并不是说，没有爱情基础的婚姻是完全进不得的，毕竟婚姻就像资本市场，供需平衡就好。但是，如果一方的不爱表现得太过明显，是连尝试培养感情都不愿意的话，那么，风险未免太高了，幸福指数又未免太低了。

何况，只要是个正常人，谁能做到在漫长的人生中，完全不需要爱情？他们在对的年纪，没有碰到对的人，便以为人生不过就是死水微澜搭伙过日子兼繁衍后代，殊不知，被封印般沉睡的爱，就像潜伏的病毒，总有一天会苏醒，爆发。

而那时被摧毁的，就是今日被“承认”的你。

忏悔
就像洗大澡

对心肠软的女人来说，一个坦白的男人，比一个欺骗你的男人难办很多。

有个女孩，因工作关系，不得不与深爱的男朋友异地恋，时间一长，夜长梦多、鞭长莫及什么的异地恋“标配”就都来了，于是，男朋友就爱上其他人了。

女孩说，其实她已经发现了一点点端倪，依自己的性格，如果他一直瞒着她，等有一天她终于证据确凿成功捉奸，肯定会扇他几耳光马上分手的。可是，男人完美地化解了这个可能性——他从一开始，就坦白了。这下她确实不知道怎么办了。

他“像个做错事却无法立即改正的孩子一样”，每天都给她打电话，倾诉自己多么爱她，对她犯了多么不可饶恕的错，另一个“毕竟是无辜”的她又是如何“缠着他，让他心存愧疚放不下”。

女孩心里很苦，她不知道自己依旧还在等待他做决定是否明智，她想跟我确认：“他愿意对我坦白，是还爱我、想跟我继续对吧？对吧？？对吧？？？”

对的。可是，好姑娘，他爱你、想跟你继续，并不等于他因此不爱另一个、不想和另一个继续。

你看到的是一个因坦诚而纠结的男人，我看到的是一个把忏悔当成洗大澡的男人，洗白了，觉得自己干净了、纯洁了，继续去happy。

明说的劈腿，真的会比偷偷地劈腿更高级吗？坦白和不坦白，有本质差别吗？

区别是有的，但不是你想的那样，而只在于：坦白的那个，心机更重，更有手段，胆大心细，釜底抽薪，说的就是他。

要真有诚意，坦白的同时就要做出选择，女人大多念旧，缺了口子的碗，还是会凑合着用的。如若鼻涕眼泪擦干净，却依旧三人行，这坦白，无非就是试图撇清道德责任、让他自己心里好过，同时还将你置放在了火炉子上，你连责骂都显得不合情理，他会说：我这么诚实，我都没有骗你，你怎么还能这么对我？

So，如果一个男人想把忏悔当成洗大澡，女人请关掉你的澡堂子。

早恋的姑娘们
看过来

如果不是要做一个读者调查，实在没想到会有那么多女孩，是从初中甚至小学就开始读我的专栏。而我们对她们的成长，可能确实是疏于关心吧。那么今天，我终于要来说说我一直回避提到的早恋话题了。从两个小女生的倾诉开始。

第一个是枚学习超好的高中女生，追求学习下等、样貌上等男生，得逞后就和所有恋爱中的女孩一样，盖着作业本写情书、上课发短信、破坏教学秩序。老师却将男生拉去劈头盖脸数落："你不要耽误人家上清华北大！"而另一个学习下等的女生，与学习上等男生恋爱后就更惨，她甚至被要求"回去好好照照镜子"。

当然，这是我刻意选择角度后的综述，在她们自己的角度里，第一个只是问"男朋友受到伤害，我怎么才能让他对我们的感情有信心"，而第二个愤恨的是："难道学习差就没有爱人的权利？"

再来说说我自己吧，我可是超级应试机器。初中时住读，晚上总和一群"坏学生"翻墙出去看港片、打桌球，全校都在处罚进"三室一厅"的人，唯独不管我，朋友们抱怨："就是因为带你出去，我们才会被罚得这么重！"而那么紧张的高三，我甚至都从来没有交过数学作业，但老师却永远选择性失明，怎么办？因为我是永远无法被超越的数学课代表啊！

社会总是很现实。长大了会发现，人生不是甩掉几个势利眼老师就会天下大同，资格、权力这东西，永远是属于强者的。业绩优异的，来个大姨妈都能请三天假，而你打石膏上班 boss 还只会嫌你动作不麻利。婚恋市场也一样，精英们总是更能被宽容、被原谅，感情出了问题，你总会下意识地想“可能是我配不上他（她）”，而换了另一个，你马上就跳起来了：“你这种人有什么资格跟老娘挑三拣四？！”

看起来世界从来不公平？No，这正是世界公平的表现。

当他们挑灯夜读时，你在吃饭睡觉买东西；当他们搜资料搜到眼瞎时，你在吃饭睡觉买东西；当他们为一个业务在公车上啃冷馒头时，你在吃饭睡觉买东西……他们付出了那么多努力，才取得这样的成绩。你凭什么和他们得到同样的尊重呢？

世界不会在意你的尊严，只会看到你的成就。即使世界再多元，大学对绝大多数普通人来说，依旧是一把重要的钥匙，它不必然通往美好，却让一切美好拥有了更多可能性。

女孩子，还是要有体面的工作，要有闲心、有闲钱，能将自己打扮得美美的。变成有品的女人，才会有更有品的男人来爱你。那时你就知道，眼下这些要死要活的爱情，终究只是一小朵涟漪罢了。

你遇上的不过刚好
是不太靠谱的一个

如果你像读者 A 一样，“刚住在一起就应他要求给他交按揭，自己穿 200 块的衣服给他买 500 块的”，却在快结婚时发现他原来一直脚踏两条船，你会怎么做？

文艺青年在雨中泪眼婆娑，然后顶着湿答答的头发走进咖啡馆，在服务员头大的眼光中，哀戚地点燃一根长得像牙签的烟，抱一本安妮宝贝的书《生命是幻觉》，内心默想：“爱也是幻觉啊……亲爱的，我爱你，与你无关。”

躁狂者可能像某视频网上的“殴妻男”那样，脱光了上衣，将对方打得披头散发，并将全程记录发至网上，方才能泄心头之恨。

现实主义者则会先忍住内心的愤怒，说：“上衣，500，我买的，脱下来！裤子，300，我买的，脱下来！内裤，20，也是我买的——统统给老娘脱下来！”然后，将他留在家里的有用的东西留下，没用的全部拿蛇皮口袋装了丢出去，如果他敢多拿，就黯然销魂掌伺候。然后，慢走，不送，最好永别。

我当然更爱现实主义者，多么草根，多么环保，又多么实用。

某些情感专家告诉我们：“不要愤怒，不要仇恨，最大的报复是优雅转身，然后过得比以前更好。”这样的建议如此蛊惑人心却又不符合人性，那恐怕是连他们自己也无法做到的吧？

我们当然会愤怒，当然会仇恨，不会愤怒和仇恨的人，也许同时会迟钝到享受不了爱的快乐，过于隐忍还会增加患乳腺癌的风险。只是，最关键的，是我们要控制愤怒和仇恨的度，比如：不能因此挑战法律；不能让它们打扰我们的生活太久；不能反被它们控制……它们存在的目的，应该是让我们能尽快地发泄并脱离失败的感情带给我们的负面情绪，就像火山爆发，高潮过后归于平静，它们是我们的工具，而不应该是我们的主宰。

理智会涅槃重生：爱情其实很美好，我遇上的不过刚好是男人中不太靠谱的一个。

爱情里最不需要的
是批评家

放了个长假，一回来便看到类似指控的信。我的罪名是“立场不清，偏袒男性”，证据还是之前的两期稿子：“居然都在说前妻的不是，好像男人抛弃糟糠之妻另寻新欢，还有理了。现在到处都是男人在出轨，面对这种行为，作为一份女性报纸，难道首先不应该批评男人吗？现在媒体都不讲道德二字了吗？男人伤害了女人，毁掉了她的人生，最后，你作为一个女人，不仅没有怜悯之心，还要说什么‘要拥有全新的人生’，哈！”

你们这些不好好听讲又不爱记笔记的人，是不是又要翻到前面去读了？

好吧，看完了的话，是否也觉得这位女读者的理解力让人着急呢？多余的解释是侮辱其他读者的智商，所以还是算了吧。但是我觉得，她信中迫切要媒体“批评男人”的要求，值得拿来在这找不到话题来写的关键时刻，江湖救急。

我觉得，在两性关系中，也许最不需要的，就是批评家。因为百无一用。

批评到底有什么用呢？很多女人，对着我这个陌生人批评老公，听上去恶行累累，简直罄竹难书啊，可是批判到5点，着急慌了下线做饭，批判到10点，着急慌了下线做爱——批评，除了让她们的菜越来越难吃，让她们的性魅力越来越难找，没有任何用处，她们还是那个只会嘴上跑火车的怨妇。而所有的女人，即便把男人全部钉死在道德的十字架上，只要不是拉拉，最后还是要选一个男人来爱的。

口舌之争，向来是软弱的象征。那种动不动吵得鸡飞狗跳的夫妻一般都离不了婚，原因除了他们通过互相指责、羞辱发泄掉了大部分负面情绪之外，还有一个原因就是：人的精力是有限的，嘴巴太累，腿就会没有力气。不怎么吵架的夫妻，也并不会都是因相敬如宾才导致分离，只是，合则聚不合则散，他们才不屑于虚张声势。

而爱情里最需要的是实干家。

所谓的实干家，是只要彼此还有继续的可能，便会想方设法求得一个和谐相处、抵抗爱情衰老的方法，有空批评男人，不如解决问题；而如果对方已然是个垃圾，或者彼此都没有什么不好，但双方的差距，已经大到接近于植物和动物的差别，则批评还不如离开。

要知道，好男人不是批评出来的，也不是道德禁锢出来的，真正的好男人是先懂得自律，后懂得在相处中自我学习的人。女人，还是先做好自己再说吧。

允许抒情
拒绝矫情

“如果我毁容了，你还会喜欢我吗？”看客们肯定和我的第一感觉一样：又是一个没事找事的问题，其无聊程度堪比“我与你妈掉进河里，你先救谁”？

如果这位问题美女遇到的是一个懂恋爱之道的男人，可能会得到极其肯定但其实毫无意义的回答，毕竟，毁容这事绝大部分人一辈子都不会遇到。可是，我想她的男朋友肯定是牛人罗永浩的拥趸——“以极其严谨的态度扯好每一个蛋”，他居然真的把这个当问题，并郑重地回答：“我会照顾你，但也许不会真的喜欢你了，我看见那些残疾的乞丐就害怕。”

结果，这个五官端正身体健康的女人，在一个关于未知的毁容的问答题里，骑虎难下了。

女人问：“真正的爱难道不是无条件的吗？”

我的看法是：**爱肯定、绝对是有条件的**。否则，他为什么会选择你，而不是其他人呢？

这位死心眼的男士，你肯定在某些方面非常吸引他，所以，他甚至不嫌弃你总爱问无聊的问题。他只是希望你能保重身体，有一张正常的脸，你都觉得委屈，那你总是用莫须有的问题折磨他，还逼他给一个令你满意的虚伪答案，不给就上升到不是真爱这种莫须有的罪名，那你对爱情的条件不是更加惨无人道？

我们总爱给别人和自己设置一些无谓的可笑的考验，让某件事变得貌似悲壮和感动人心。记得小学的时候，我去参加一位远房长辈的葬礼，葬礼这个场合就像舞台，那些平常与他没什么来往的同事朋友，也少不得要怀念一番，找出死者生前的某些感人事迹来。有一位戴眼镜的男人便用沉痛的语调说："他曾经冒着大雨给我送来单位发的肥皂，浑身上下都湿透了。"我却在想："他为什么不打伞呢？"我们在狗血剧里也经常看到，一个男人为了追赶一个即将上飞机的女人，居然采取拔足飞奔的方式，当然姿势一定要健美，头发还一定要像洗了飘柔一样飘啊飘，最好能一边跑一边飙泪——兄台，即便是上下班高峰期，也有杀马特摩的司机在等你好吗？

爱情应该是接受抒情，拒绝矫情的。不要太聪明，尤其不要自作聪明，让我们像傻瓜一样，不考虑太多无谓的问题，就我爱你你爱我吧！

爱一个人，
不应该是你失去自我的借口

你想了解变态男人大全吗？你想挑战对极品男人的认识底线吗？你想一窥 SM 男女关系吗？请向我索取我的邮箱密码。

我的意思，其实不是说男人真的有多么变态和极品，而是一群抱怨的女人，的确会将她们身后那一群男人，描绘得惨绝人寰。

比如，她嘴里的男朋友，爱猜疑，从不让她参加任何同事聚会，并且从不让她身上带超过 50 块钱，自己月薪比她少，却还让她承担所有的家务，稍有懈怠，就认为她是在瞧不起他。

再比如，她嘴里的男朋友，一年与她亲热的次数不超过三次，每次不超过三分钟，对她的要求嗤之以鼻说她是荡妇；春节给他父母 500 块，她父母一分钱没有，他还厚脸皮地顺手牵了一箱鲜橙多走。

他们的爱情，如此扭曲，又如此有创意，但我相信，这些男人绝不仅仅是她们形容的这副面孔，他们一定有更大的优点，让她们宁愿冒着自己的隐私被登上报纸的风险，也要将爱情继续下去，因为，她们的问题，从来不是“怎么才能离开他”，而是“我要怎么改变他”？

其实，男女的关系，有点像杯子和水。水本无形无状，但是，一旦进入杯子，就会依杯子的形状存在。因为杯子比较强硬，所以，话语权掌握在杯子的手里。

发来邮件的她们，恰巧是水。她们的“杯子”男友，给她们设定了一个尴尬的姿态，她们虽然心有不甘，却还是暂时无奈地接受了。

是她们的男人天性自私自利吗？我看不尽然。要不是女人一味曲意逢迎，一味忍气吞声，又怎能打造出这样一个“绝代佳人”？再设想一下，如果把她们给我的信转发给她们的男友，他们会是什么表情？可能连他们自己都没想到，他们在女友眼中是这种形象，也许还要问：你真的有这么委屈吗？你不说我怎么知道呢？

一个弱者眼中的男人和爱情，绝不是原貌。而男人、爱情进而包括整个世界，之所以变得苛刻，是因为你没有坚持自己的权利。爱一个人，不应该是你失去自我的借口，一个失去自我的人，则原本也不配拥有正常、健康的爱情。

谁来烧热
你眼睛的黑色？

写这篇文章前，我花了至少 7 个小时，来随机翻看这一年来收到的邮件。

因为我也想学人家来做个年度盘点。

那么，如果要让我总结出感触最深觉得最有代表性的年度关键词，我会用“空”这个字。

旁人眼中前途无量的青年才俊，每天 6 点起床，静静地坐一个半小时的交通车去上班，意气风发地过一天侃侃而谈、随时挂着亲切笑容的职场生活，下午 5 点半，再静静地坐一个半小时的交通车回家，给自己做饭，洗碗，看电视，熬到实在眼睛睁不开时，倒头就睡。工作两年，相亲了 8 个女生，他却根本记不住她们的脸。

将晒各种家庭恩爱照当成“交公粮”的男人或者女人，告诉我他们各自的婚姻生活，其实是出国旅游时拍完合照发完朋友圈后就一路各自沉默地低头玩手机，是两个人在家里时各占一屋看书看剧互无交流，是爱上其他人却不想破坏家庭，是躺在一张床上却已经很久没有触碰过对方的身体，或者是不在一张床上很久了。

宣称单身生活非常完美自己根本不想恋爱的女人，爽朗地笑着活成了她圈子里的单女典范，其实却一直深爱着已婚的男人，她所有的爱的依托，来自于他有空闲时发到她手机上的酒店房间号码，完事之后，他走了，她还要遵旨隔半小时再离开，那半小时，她默默地抱着腿，坐在床上，无力地看着自己朝深渊滑去。

更多的更多的来信，是一种弥漫的情绪，你说不清生活到底有什么让自己不开心，只知道，内心里有一块地方，无依无靠地空。身边围绕了那么多人，你与他们大笑，寒暄，但你时不时就会觉得，他们全部与你无关，在各种看起来花团锦簇的人际关系里，你身处永无人来搭救的孤岛。

我再一次不知道是否该感谢我的职业，让我得以窥见这么多人月亮的背面。他们虽是个案，但反映了这整个时代的空虚、孤单与焦灼。

正因以上的种种，我虽然承认爱情不是人生中唯一重要的事，但我的确还是坚定地认为，一份正常的、温暖的爱情，是能让我们荒野求生的火。

因为这样好的爱情，能让两个人看到并抚慰彼此的脆弱，能透过你的张扬、冷静、坚强、果断……看出你内心只不过是一个孩子。

在豆瓣上看过一篇讲希区柯克夫妇的文，他们最后一次共同出席公开活动，是美国电影研究院颁给他终身成就奖，希区柯克说他要感谢四个人，“第一位是电影剪辑师，第二位是编剧，第三位是我女儿帕特的母亲，第四位是一直在厨房中展现奇迹的优秀厨师——她们的名字都是阿尔玛·雷维尔”。他伤感地说，“这可能是我在公众面前向她表示敬意的最后机会”。所有人都站起来鼓掌了。

而他们的婚姻，为何能在漫长的一生中始终保持着浓烈的热度，就是因为，不论阿尔玛助他取得多么高的成就，她始终知道，在内心深处，他只是个不安的害怕黑暗的小孩。世人看见英雄，而只有英雄最爱的女人，能看见并包扎他的伤口。

至于希区柯克是怎么对待妻子的，从阿尔玛回顾一生时的一句话就可以看出：“在一起那么多年，我的丈夫从未让我觉得无聊。”

爱，和配得上爱的行动，让他们填补了彼此的“空”。

所以，那些惧怕爱情的人，对爱情失望的人，给自己贴上爱无能标签的人，从内向外打破你的不自信和对爱情傲慢的偏见吧。

2015 年，谁来烧热你眼睛的黑色？谁能止得住你的干渴？

像一汪灵动的水，想不被爱都难

有读者给我发邮件讲述她的一天："早上6点半起床，7点出门挤公车，永远拿全勤奖。中午上个厕所出来，办公室的人都出去吃饭了，再上个厕所出来，他们都回来了。没有人注意过我。很努力，自认也聪明，工作上是'多快好省'，但得到的表扬，还没有那个总是叫苦、总是出错、总是撒娇的女生多。晚上下班回家，拔掉早上出门就预约已经煮好饭的电锅插头，然后用青椒或番茄炒鸡蛋，再就着手机里的各种综艺和剧，吃晚餐。就这样，everyday，everyday，无穷无尽的everyday。好像没什么可不高兴的，但也没什么可高兴的。"

她问："像我这样的，容貌平凡，家世平凡，工作平凡，个性也平凡，没有男朋友，也没有什么好朋友的女生，该如何活在这个世界上呢？"

我在脑子里想象了一下她的样子，觉得大概是：黑的直发；没有化妆，唇膏最多是浅红；走路喜欢低着头；跟人说话不看人家眼睛；爱穿纯色的衣服，不穿高跟鞋。问她是不是，她发来一个要哭的表情说，全中了，之前看《来自星星的你》买的同色口红，只在家里搽过一次。她问为什么我知道，我说我身边的“没有存在感小姐”都长这样。

然后，我推荐她去看一部韩国电影《男人使用说明书》，这部电影是很久以前另一个“没有存在感小姐”推荐给我的，她曾大呼“新技能 get”！

简单来说，这部电影讲的是一个“没有存在感小姐”，误打误撞买了一套《男人使用说明书》录像带，然后对照这个由两个“一本正经”的男女模特，在一个“一本假正经”老博士的指挥下做出各种搞笑示范的录像带，找到了存在感和爱情。

女主人公的内心独白，说出的是所有“没有存在感小姐”的心声：“在男人的世界，我的性格不断变坏，梦想和朋友都离我越来越远。”“我要这样生活到什么时候？”老博士则踏上一脚：“明明可以变成珍珠，最后却只能被扔到海鲜汤里。”

虽然里面的爱情线太灰姑娘，但老博士提供的新技能我还是整理整理供大家依葫芦画瓢。

1. 自信从改变发型、服饰开始（这个不赘述，关注本报风尚叠）；

2. 学会“5 秒对视法”，先 look，再 hold，然后 smile，此法对几乎所有异性管用，他会瞬间注意到你，你甚至可以用它和男人抢出租车；

3. 走路时，请设想你的眼睛是枪口，而枪口对直抬高两寸的地方，有一个靶，看着那个靶走路，你会看上去显得自信；

4. 在“1m 红色区域”俘获你心仪的男生。两人的距离在 1m 内，彼此的交谈会促使心跳产生。那么如何诱使他进入红色区域呢？你只需要小声说话，他听不清，自然会慢慢靠近，靠近了还是听不清？那就正好，靠近他的耳朵说吧，让他起鸡皮疙瘩！

5. 第一次发生关系后，绝对不要主动跟他联系。要做那个看似被动实则掌握主动权的人。

好吧，更多技能不妨看片深入研习。知道女主人公最打动我的样子是什么吗？是她表情终于放松，她微笑时，那个又羞涩又洒脱的样子，就像一汪灵动的水。如果你也变这样，真的很难不被人爱哦！

嘴上说看淡的人，其实内心都好介意

有位女读者问我，怎样才能让“淡泊名利”的老公有点儿进取心。

她说，和他同龄的早已升职加薪，他却始终原地踏步，顾家倒是顾的。也是，事业无追求，又没什么朋友，除了打游戏也没其他爱好，大门不出二门不迈的，很难不“顾家”。

也曾耐心谈过，但是他一副得道高僧的样子，说：对那些尔虞我诈后的所谓功成名就，我早已看淡了，有时间陪你，还不好吗？差点儿没把她噎死。

这期用这个案例，是因为恰好在另一个女读者的嘴里，我也听到了“看淡”二字，还在一封信里说了两次。

离了婚，恋爱又分了手，她说，对男人早已“看淡”。可是，她却用2000多字来让我剖析她新近遇到的男人，他到底是怎么想的？他为什么不给我发短信？为什么在一起后反而跟我话题少了？他是不是歧视我离过婚啊？

你看嘛，嘴上说看淡的人，其实内心都好介意的。说看淡什么，反过来他们就最介意什么，百试不爽。

比如说那位看淡名利的老公，最后我得知，他初出茅庐时也是野心家一枚，因为想走捷径，犯了“越级”之职场大忌，而被眼里容不下沙子的顶头上司视为眼中钉，处处打压。虽然上司后来换人了，但他那口真气却散了。

我觉得，真正的看淡，就像真正的女权一样，你想不起来它，甚至意识不到它，它像空气一样无法触摸不被感知，它才真的存在。会叫嚣、会彰显的人，只是因为太过虚弱，不信去看看网上那些整天把女权挂嘴上，甚至会站着撒尿的女权分子，绝对是灭绝师太一般的人物，真心觉得是因为感情不顺，没男人爱才搞到内分泌失调。——因为搞不定，便只有说看淡。不然还有什么办法来掩盖自己的无能为力？

其实，看得淡，不过是因为你看不开。看淡是消极，看开才是积极。

看得开，是我能正视曾经的挫折，是我能消化成长的痛苦，是我懂了自己的不完美，接纳并尽力去改善。如果说看淡不过是变成蜗牛，每天背着重重的壳儿，艰难地一步一步往上爬，那么看开便是破茧后的蝴蝶飞。只有看得开，才能拥有真正的心灵平静。

你的安全感
来自哪里？

每次写专栏，我习惯把一个月内所有的信再看一遍，先拣出一部分带感的，然后再筛出最带感的。这次，我把带感的 4 封信全部拷出来，翻来覆去琢磨了三小时，主题换了七八个，怎么都觉得不得劲。最后我被打败，转头收新邮件，一封信的第一句是“我觉得我是个缺乏安全感的人”，这句话像雷一样劈中了我，好了，妈妈再也不用担心我找不到选题了。

首先，安全感是什么？两封信给了截然不同的回答，一个说“我的男朋友是我遇到的最好的人，我们心有灵犀，无师自通”。90% 的心在告诉她“我爱这个男人”，而 10% 的心告诉她“但是他没钱”，最后，以少胜多。另一个说“我男朋友很有钱，对我也很大方”，但是“每次吵架，他总用一个特别贵的礼物结束，从不 say sorry，让我感觉不到他的爱和诚意”。

可见，在择偶阶段，对于有爱无钱的人来说，钱就是安全感，而对于有钱无爱的人来说，爱才是安全感。总之，基本规律就是，对一个无法从自身得到安全感的人来说，缺什么，就以为什么能带来安全感。心头那张欲望的小红嘴儿啊，吧唧吧唧永远差一口儿。

而什么是能从自身得到安全感？我的理解是“相信自己可以不必依附他人生活的人”，这类人对男人的要求很简单：性格和性都大约合得来，不给自己找麻烦，不拖累自己，即可。

另外两封信是两个小孩写的，好像大多数家长言传身教给小孩的第一个情感真相就是“爱情是个屁”。一个小孩的爸爸长期在外面有人，“每次看到被蒙在鼓里的妈妈，依旧任劳任怨，爸爸还爱理不理，我就好心痛”。另一个小孩的世界比较令人崩溃，爸妈全都外面有人，但是他们能够在任何需要夫妻双方出现的聚会上毫无违和感地自动合体，搂肩膀，喂水果，他说：“他们是怎么做到的？可能我们全家都是精分吧！”

他俩的信揭示了另一个阶段——婚姻存续阶段里的安全感。

也许会让小孩们绝望，但是，这的确是残忍的真相：很大部分的婚姻，它存在的意义就是它本身，它最重要的内核，就是那个外壳。什么爱与忠，甚至都挤不进前三名。

所以，妈妈未必被蒙在鼓里，只是在鼓里她才会感到安全，打碎了那个鼓，也就打碎了她那个安全感的梦。

所以，会自动合体的爸妈，不是精分，请放心。为他们骄傲当然有点太夸张了，但是，他们能够达成这样的共识，每个人都坚守自己的本分，能协调“我要”和“我不该要”，州官可以放火，百姓可以点灯，未必不是天赐良缘。

所以，最终我们发现，人活着，不过是活一个不得已。想要活得更自由，求人不如求己吧！

一个人的衰，是有道理的

上面谈了抑郁症，现在想来谈一谈“伪抑郁症”。时常看到新浪微博有网友直播自杀，便也想聊聊这回事。

几乎毫无缘由的轻度和中度抑郁，当然第一时间要联系心理咨询师进行系统咨询，个别抑郁长达十几二十年且有自杀倾向的，建议他们直接去医院，“黑狗”已经不是简单的心理咨询便能赶走的问题了。

然后，剩下更多的只是一群“伪抑郁症”，至少来我这儿倾诉的多是这样一群人。

“伪抑郁症”的共同点是：一开篇先把身边能骂的人全骂一遍——家里人呢，老爹不争气，老妈不爱我，老公脾气暴，娃儿不听话，婆婆最讨厌！公司里呢，上司黑心肠，同事搞排挤，客户还要投诉我！逛街试个八百多的 bra 都还要被内衣小姐翻白眼！真是好抑郁，快开点药给我，不然我不用活了啦！

真正的抑郁症来自于基因，他们是不幸带着阴影出生的人，需要全社会的关注。而“伪抑郁症”们，病灶只是自恋。

她们总是习惯性地把自己当成受害者：我是最命苦的，所有人都对不起我，我生不逢时，遇人不淑，只差一点就要红颜薄命了。

不妨想一想，这世上千千万的职业女性，都是白天要应付职场，回家了还要运转家庭的，你遇到的困难，她们曾经都遇到过，她们也并非三头六臂，为什么她们可以，你不行？

要知道，一个人，衰，是有道理的。

这个春天，减肥不如减衰运。你需要做的：

一、练习一个无害的笑脸

对着镜子，仔细瞧瞧自己的衰样，有那么多抱怨的人，必定眉目不含笑，苦瓜脸，吊嘴角，女人看着不亲近，男人瞧着没性欲。码着一张脸干吗？笑一笑啦衰女！

二、学习什么是中庸之道

中庸的基本意思是凡事不要走极端。首先是对于“我这个人到底有几斤几两”的判断，不要太盲目，觉得自己一文不值固然不好，但觉得自己该永远是轴心同样惹人厌，身为女人，对自己的定位最好是“对本人最重要但对别人来说一般重要”的人，认清这一点，“公主抑郁病”的发病概率就会少很多了。

然后，凡事不要强求。不要强求自己做到最好，更不要强求别人做到最优。做现代女人，不容易哇，振臂高呼要女权，想来只不过是不仅把自己圈进职场，又同时被家庭套牢，着实划不来。所以，不要要求那么高，及格就好。

三、不要跟风

女人爱跟风，连自杀这种事都想跟一跟。虽然你在邮件里那几行字威胁不到我，但还是友情提醒：

生命的价值，是由你自己决定的，你爱惜它，它便无价；你挥霍它，它便只是贱命一条。何况，我一直觉得，如果有人能帮那些自杀的年轻人度过这多愁善感的季节，有朝一日他们长大，体验过真正的生命的壮美，一定不会选择这条最窄、最无趣的路。

第五辑

要知道，如果你不能毫无条件地接受现在平凡的他，其实，也就没有资格享受未来可能更好的他。

清贫的爱情
不一定更纯粹

写这篇稿子的一小时前，我刚刚收到一封来信，是个男人，很悲愤的口气,质问我到底对他女朋友说三道四了什么,弄得他们结不了婚。

俗话说：宁拆十座庙，不毁一门亲。这可不是闹着玩儿的。但肝儿颤了5秒后，我冷静下来，因为自认一向会尽量做到中立，所以，我得先搞清他女友是谁。

很快我根据他提供的女友的邮箱号码，搜索出了她的来信和我的回信。我反复地阅读，考虑了到底该不该发给他看，最后，我确认，这些信，对他们处理眼下的关系，是一个极大的助益。所以接下来，我将这两封信直接发给这位男士看，果然，他便立即沉默了。

她的来信节选："男友家穷，暂时买不起房，家人和朋友都不是很赞成我跟他结婚，但我相信，凭借他的能力必将创业成功。而且我对他的人品绝对有信心，我相信陪他度过最艰难日子的我，不会被辜负……"

她求助的点在于"如何说服父母"，但我却觉得她需要认真考虑的是另一方面。

我的回信节选如下："向男人表达你对他的信心没有错，但前提是你真的发自内心接受他的清贫，而不是单方面押宝他未来的不确定的成功。不妨做一个假设，如果若干年后，他并未创业成功，你们得像绝大部分平凡的小夫妻一样，上班多年才能攒钱买一套小房，你会不会后悔今日的选择？婚姻的大前提是接受现在的他，而不是幻想未来的他。你搞错了。”

看来，看了这封信，她扪心自问了一下，最后的答案是否定的。

嗯，这就是前因后果。原来如此。

我想，这个年轻男人沉默的原因，在于他终于知道，原来清贫的爱情，也并不一定就是高尚的、纯粹的。很多时候，她不嫌弃你穷，不是因为她真的能接受你穷，而在于她认定你终有一日会富。她是以炒股圣手的心态，把“嫁个穷小子”当抄底潜力股来的。

当然我理解，**哪一对贫贱夫妻，没有个把飞黄腾达的美梦？做梦无可厚非，怕的是梦想过于照进现实，一旦不能如你所愿，就心生怨恨，电视里不是经常听到那句“以为跟了你会有好日子过”吗？其实，他还是当年的那个他，是你一个人，从头到尾都太多梦。**

他是悲哀的吧，而几句话便搞砸这桩婚事的我，其实同样悲哀，我并不想拥有这样的能力。如果这个男人真的像她当时说的那样踏实、上进，我更想看到，她三思而后，坚定地说 yes。平凡一点又如何呢？我们绝大部分人，不都过着平凡的生活吗？上班，攒薪水，添置一样又一样家当，亲手让小日子越变越好，会为打一个小小的牙祭欢喜，为终于能装修小窝甘于烈日下暴晒……

要知道，**如果你不能毫无条件地接受现在平凡的他**，其实，**也就没有资格享受未来可能更好的他。**

那么，现在的分开，对每个人来说，未尝不是更好的吧？

情场暗礁
躲得好不如玩得转

又一年的黑色六月结束，几家欢乐几家愁。朋友家那个曾经极度抗拒高考、认为中国的教育体制不过是在泯灭民族创造力的小伙子，经历了一塌糊涂的高考，终于在复读一年之后的六月，考了601分。

他的一句话非常经典并值得回味，他说："我是在以其人之道，还治其人之身。"解释深一点就是：瞧不起高考，却还要被它打败，阻碍正常的人生进程，那实在太过窝囊，最潇洒的制敌方法就是不闪避，不退缩，用它的方式来"玩转"它，然后踩着它的脊背，进入另一个相对自由发展的新空间。——由此我相信，他终于在父母的眼泪中回归"正途"，绝非屈服，而是开始了更加有谋略的对抗。

能顺利升入一流大学的，往往并不是被妖魔化的书呆子，而剩下来的狂妄少年，则会为一根筋似的目空一切付出代价，从而落入比他们想象中更加不堪的境地。这其中最关键的区别，在于是否能正视现实，并在保有自我价值的前提下，超越现实。

我无意将事事都扯入情场，但我的确认为，万事万物都有其相通之处。——情感世界里的“现实”是什么？至少来向我们倾诉的、急寻良药的，都会将背叛、伤害等负面词语作为主轴，在他们眼中，情场险象环生，无可信可爱之人，真心只会被拿来当柴烧，谁先付出谁倒霉。

这样的暗礁，谁也不能夸口说这辈子不会遇到，可是，有人遇到了，便开始惧怕，开始躲，从而将自我保护极端化，那是否就能获得幸福？答案当然是No！

有人遇到了,却更能下定决心玩转它。一直记得陶晶莹的那句话：“既然男人总要出轨，那不如找个帅的！”能说出这种话的人，至少心态上早已玩转情场——她看到了现实的真面目，爱与痛是孪生儿，由此不抱任何虚妄幻想，但这毫不影响她的心情，反而让她能更洒脱地享受当下。

所以，不论现实在你眼中多么愚昧与丑陋，毫无意义的拒绝与蔑视只能暴露自己的无能，玩转它，才是最极致的胜利。

没有保险的男人
只有保险的大脑

有位 25 岁的美女在 QQ 上对我说：我想嫁了算了，这世上有没有保险一点的男人？我说：做保险的有，保险的没有。

找个现成的有钱人当然不保险，好东西大家都想要，战争的猛烈，绝对超过双 11 在淘宝抢货的势头。

找个潜力股就保险了？当然不。年轻时你陪他打拼，等他修成正果了，你眼中的潜力股，在别的女人眼中就又变成“现成的”——上啊！大家都来抢啊！

那，干脆找个样貌不周全、事业无前景的“刘阿斗”算了？哼，你觉得你忍气吞声忍辱下嫁，别人还未必买账。你以为搞外遇的都是有钱的帅哥？有位大姐就曾愤愤然地告诉我，他老公开个小型破烂收购站，还学人家收“偏房”，现在有三房“老婆”！

所以，如果等来等去荒废青春，目标是想找个保险的男人，趁早死了这条心吧！因为这个目标根本就不存在。

但，还是有很多真正幸福的女人，多少年过去了，男人一如既往地爱她尊重她，为什么？只是外人看见的运气好、嫁得好？才不是。

没有无缘无故的幸福，也没有无缘无故的不幸。如果女人有聪明的头脑，情商够高，嫁得好不会坐吃山空，天天吃香喝辣傻得掉渣，让那个男人一天比一天看她不顺眼；即使在外人看来嫁得不够好，她也能把日子过得一天比一天好，让那个男人一天比一天更发光。

所以说，婚姻这几十年的事，找到个什么样的男人嫁，无非只是个开头，不代表过程，更不是结尾。**幸福的女人是有头脑的女人，是能玩转婚姻的女人，是不论遇到什么样的困难都有那份自信和沉着“搞定”的女人，**绝不是图保险、妄想“一嫁解千愁”的女人。

这样的女人，即便真有哪天不爱了、离了婚，你也能相信，下一段她的爱情，也绝对不会low到哪里去，她本人，就是最保险的那个资本。

男人只会
为自己爱的人改变

有的人，找个男人，总觉得她们是为民除害来的。

在她们口中，男的总是有无数巨大的缺点，比如，“动不动离家出走，十天半月不回家连招呼都不打一个是常事”“我婚前挣的钱全被他败个精光，为了要钱，他把他自己的爹妈都快逼死了，现在还要我卖掉我爹妈的房子”“在一起八年，他精神加肉体出轨共计十余次，以前闹离婚他还会道歉，现在不管用了，我说离婚他说好”。

只有一两个稀松的优点，比如，“在人前挺给我面子的，我生日会给我办 party”“性生活比较协调”“我要买个什么，只要不是太贵，他都会答应”。

或者干脆没有优点，纯粹因为“这么多年的感情，总觉得有些舍不得”。或者“离了婚又能怎样呢，再找一个说不定也是这样”。

无数情感专家都说：不要指望改变男人，只能改变自己。我也曾差点相信这句话。

后来我发现，其实并不尽然，因为我们经常可以看到这样的案例：A 和 B 在一起时，A 是个渣男，但是，当 A 和 C 在一起后，A 又突然变成了一个爱妻男。

这其中的差别，不只是 B 和 C 的差别，真正的差别在于：爱情。

真正的爱情，可以让最淫荡的荡妇变成烈女，让最铁的铁公鸡掏出红钞，让最懒的懒虫锄禾日当午，让最无情的恶人流出热泪，让最粗野的汉子坐在一盏橘灯前为你写诗……

就像日本电影《天使之恋》，在 17 岁之前，当妓女、做老鸨、仇恨世界、伤害他人，曾是高中女生小泽理央全部的生活，可当她遇见爱情，她就突然长出翅膀，变成了从地狱中振翅起飞的天使。其实，两个都是她，只是面对不同的对象，她展现出的是截然不同的自己。

所以，那句著名的话应该变成：**不要指望改变男人，男人只会为自己爱的人改变——褪下自我保护的壳，用另一个真实的、柔软的自己拥抱你。**

所以，如果遇见烂人，**不要再怪命不好运气差，而是，你根本就找了一个不爱你的人。**

而人生苦短，不要辜负你上场的机会，如若有更鲜活的人生，何必惧怕折腾？

怪异的爱情
也有生态平衡

这世上有太多怪异的夫妻档，怪异到旁人连看看、听听，都要起生理反应。

叮儿的爸爸一辈子都在出轨，妈妈则一辈子都在防止他出轨，从小目睹爸妈厮杀的她无数次跪到妈妈面前求她离婚，妈妈能挣钱，原本不必靠男人啊，可是她不愿意。从前叮儿以为妈妈是为了自己才委曲求全，可当她已成家立业，她才知道，妈妈这辈子从来没想过要离开爸爸。

泛泛的闺密唇红齿白，月入七千，却嫁了个大她十岁、月薪只有她一半的家暴男，一言不合就会把她拎起来打得披头散发，总是泛泛收留她，给她抹红花油，为她出头，可结果呢？当男人眼角含泪，深情相拥，聊不过半小时，她就不仅原谅他了，而且居然还“认识到了自己的错误”！

旁人当然觉得不可思议，这是个什么世界？主人公当然也觉得自己惨，叮儿的妈妈一辈子都在自怜自艾，泛泛的闺密结婚两年，流的眼泪都够开铺子卖了，可是，自作虽苦，但看他们一副舍不得的样子，多情想必是快乐的。

对这样的天赐良缘，我只能说，这就是情场的生态平衡吧？

所谓生态平衡，在生态学上指的是生物与生物之间相互联系、相互制约而建立起来的动态平衡联系，是生物维持正常生长发育、生殖繁衍的根本条件，也是人类生存的基本条件。我认为，这个概念同样适用于爱情领域。

在那些奇特的姻缘中，其实并不存在一无是处、十恶不赦的丈夫或者妻子，作为旁人的你，只看到了明处的施与受、罪与罚，却忽略了一角冰山下的真实：

一段关系能够维持，必然拥有平衡的生态，那就是男人和女人"相互联系，相互制约"：叮儿的妈妈离不开出轨爸爸，泛泛的闺密舍不得家暴老公，看起来是好蠢，可是，人人都说最好要离开，她却离不开，自然就有她离不开的道理，反过来想，叮儿的爸爸为什么一直不离婚？闺密的家暴老公为什么每次都要哄她回去？因为，他们其实互相被需要。有需要，**就有利益，这世上，没有永远的夫妻，只有永远的利益。**

只要明白了这一点，叮儿和泛泛们就该要学会对别人的情感生态保持淡定了，别把亲朋好友不当外人，他们的生态平衡，再怪异，再不被理解，也保持距离吧。就像我一样，有人上门求助，静静听完，给个建议即可，此后，天要下雨，娘要嫁人，随她去吧。入戏太深，只会徒招记恨。

老可爱大叔的
假天真和真可怕

女读者绿绿给我讲了她“当了 5 年蠢货”的故事,虽然是有点笨,但滴血不忘自嘲的精神很值得学习。

对方比她大 12 岁，一开始是她的家教老师，从她 16 岁到 21 岁，长达五年的时间里，尽情享受她的青春，上床的时候不嫌她小，下床就一脸慈父相：“这么小的小丫头，我真是作孽啊！”他总是会心疼地拍拍她的头，让她觉得，这个老家伙，好天真好可爱哦!

五年的时间，对于才 21 岁的她来说，太长、太完美，她以为，他们终归会在一起，等她大学毕业，他们就会结婚。

可是有一天，这个 33 岁的天真可爱的大叔一脸痛苦地告诉她，他要结婚了，新娘不是她。她才知道，原来这几年他一直在相亲。他甚至用偶像剧里的腔调对她说：“我爱你，我爱你……对不起，对不起……”要学习的人注意了！一定要用低沉的声音连说两遍以上才有效果!

绿绿的故事告诉我们:流氓会武术不是最可怕的,大叔的假天真、老可爱比那个可怕一万倍。他深谙此道，知道什么样的调调能击中小少女倔强、目空一切,但又软弱、遇到爱情就忍不住奴颜婢膝的心,又用什么手法能打压真相曝光之后她提刀去砍他的冲动，总结起来，就是：摸头、拍头、揉头，捏脸、捏鼻子、捏屁股，声音温柔、低沉同时纠结。

老可爱大叔们的共同点是：不管他玩过多少小少女，他从来都心如明镜地知道自己究竟要与什么人共度一生。再美好的春花，都阻挡不了他奔向秋月的脚步。

绿绿们，你们是否知道呢？

不要再沉湎于过去的悲伤，从现在开始，善用过去的每一个男人、每一段恋情，一步步了解自己。**男人的很多行为，看起来像爱情，其实只是调情，虽然很诱惑，但只要你懂得自己是谁、自己到底需要什么，便不会迷失。**

前路漫漫，但我至少相信这一个绿绿会不一样，因为她虽然悲伤，但已经逐渐在化解怨恨，她说：“都是成年人了，没什么骗不骗的，下次还是会相信爱情。咱也玩了个大叔嘛，不亏！”

嗯，真是好棒！

珍惜“小确幸”的男人
才是女人的 Mr.Right

这篇稿子来自一个很感动我的读者——远在福建的李先生。

李先生是我腾讯博客的常客，默默支持，却极少留言。而有天，他却给我留下了这样一段话：“我老婆常说，男人钱多了不是好事。似乎男人的变坏、女人的危机都源自钱。我自己反省过，赚钱后的膨胀是会一开始让男人有‘为所欲为’的想法，似乎钱壮了贼胆，但是关于爱情，内心的质量并没有变，大多数男人应该都是如此。因为我们赚钱的动力就是为了家。戈娅，太多女人向你诉说苦水，倒了太多垃圾，但你肯定知道世间的好男人还有很多。多写一些这样的男人和故事吧，平复那些惶恐的心，给她们多些希望和美好。”

这样的话，从一个 38 岁的男人口中说出来，显得尤为真实，温暖。我想，我必须得写写他的故事了。于是，与他有了一次长谈。

原来，他也曾是我们的同行，在电视台做了多年后，才辞职做职业经理人。之前，他比老婆的薪水高不了多少，但是现在却超过老婆的五倍不止，他明显感觉到，老婆的危机感越来越强了，特别是生了孩子以后，对青春逝去的忧虑，和对媒体反复提及的男人出轨的恐慌，让她的不安全感与日俱增。由于李先生本身也是做的整形美容行业，对此感触更深，“太多女人因为内心的惶恐来整形了。

当一个女人对不安全感的恐惧，超过对手术的恐惧，她就会来整形。有时我看着她们，觉得好可怜。真是感慨万千”。

可是，男人真的就是那样，有钱就变坏的吗？李先生非常坚定地说：“绝对不是！不仅我自己不是，而且我身边的朋友，大部分都不是。我觉得我自己是一个很会珍惜‘小确幸’的男人——早上很快找到停车位，幸福；食堂的茄子今天烧得很好吃，幸福；下班居然没堵车，幸福……我想，大部分的男人，一定跟我一样。”

在这一点上，我们达成了共识，的确，看看我自己身边的男性朋友，他们真的，大部分都是宜室宜家的好男人，做得最出格的事，也许不过是在饭桌子上说说荤段子。只是他们，和他们的老婆，永远不会给我写信。

感谢李先生吧，感谢总有那么一些 Mr.Right 带给这个世界一些温暖。也希望他的故事，能让被爱情伤害、对爱情恐惧的女孩子们懂得：尽管在爱情里受到多多少少的伤害，是必然的，但是这些伤害与你会得到的快乐相比，绝对值得。

先模仿他人
最后才能找到自己

有个女孩问我："我看过你在电视上接受采访，也听过你在大学的讲座。好羡慕你能那么自信。对一个自卑的人来说，怎样才能找到自信？"

我不知道她是哪所大学的，她拒绝透露。但是她告诉我，她21岁了，这辈子没有摸过话筒，连KTV都只去过没唱过，在课堂上没有主动回答过任何问题，她与家人关系疏离，没有朋友，没恋爱过，别人周末都去玩儿，她永远只能宅在寝室，或者出门假装有人约，实则像游魂一样到处乱逛，"我不知道我将来能干吗。有时觉得，我哪天不在这世上了，都不会有人发现"。

亲爱的，我怎么可能告诉你，其实我第一次做演讲嘉宾站上台时，两股战战几欲先走连腋窝都湿了呢？我也不会告诉你，你看到的我自信满满的电视采访，其实我是如何故作镇定，前一晚背台词背到失眠，甚至不敢在电视机前直视我自己的脸。我还极度不愿告诉你，十一年前我第一次来到我供职的这家报社，第一次使用打印机发排，是我偷偷在旁边看过起码不下十次，步骤背得滚瓜烂熟后才敢下手的，当我做的那个版顺利地一点一点打印出来，我激动得恨不得跪了——好了，这下我那些没人性的同事上班可有笑料了。

自信不是天生就有的，它是随着你一点一点地学习到一些新的知识，然后慢慢累积起来的，乔布斯有句名言：connect the dots——串联人生的点滴。最后，所有的 dots 汇聚起来，才成就一个新的你。

所有的东西，在没有学会之前，总是显得很难。就像使用打印机，它在未被使用之前，是多么神秘的机器，可是用过一次，却发现不过如此，而你的余生，不管看到任何打印机，你都不会再惧怕它。话筒也是一样的，如果害怕它，那么利用某一个你像游魂一样飘荡的晚上，一个人去痛快唱一次 KTV，你便会发现，原来它只不过会放大你的声音。

人的一生，就是不断学习的一生。不知道怎么做，那不如先模仿别人怎么做。

不知道怎么穿衣打扮，那就照着时尚街拍的美女们依葫芦画瓢；不知道怎么说话更讨人喜欢，那就模仿那些让你感觉到舒服的人的说话方式、表情，对着镜子慢慢 copy。也许尝试过 10 种风格，最后才找到自己的 style，也许模仿了 50 个人，最后才能找准适合自己的“度”——那又有什么关系？找到自己，本来就不容易。

反过来，如果有谁的说话方式让你很恼火，那么，相比流泪，相比唾弃，更重要的事是要警醒自己，以后不能用这样的方式对待他人。

要知道，每一个你看起来活得很自我、很自信的人，都不过是从模仿开始的。

当然前提是需要你有一双发现美的眼睛，和一颗善良的、愿意接纳这个世界的心。

20+ 的你和 30+ 的我，一起努力吧！

真的勇气
是一种纯纯的傻气

年年都有毕业季，岁岁都有毕分族，今年不想再写，但遇到这一对，忍不住不吐槽。

来信的是女方，重庆人，在上海硕士刚毕业，为了跟男朋友分还是不分的问题，天人交战。男朋友，江苏人，在上海硕博连读，还有一年才毕业。分手的理由是"我是必须回重庆的，我妈把工作都给我找好了，但他说不能来，因为他们家已经给他搞定了回江苏，只要拿到博士学位，就是重点培养的人才"。你要说他们是因为不够爱吧，谁都不承认，都说是真爱啊，泪如雨下啊，离了 TA 感觉这辈子都不会再爱了啊！

但是，分手又早已暗下决心，即便口口声声那么爱。

我当然又免不了自作多情一把，替他们感觉好遗憾。不能理解啊，随爱去异乡，真的很难吗？没有谋生之道的人，当然是没资格的，吃不饱还谈什么爱情？可是你们一个硕士一个博士啊，究竟有多难？

发现很多人读书，不是为了让自己过得更自由，让自己有能力主宰自己的人生，而只为回老家在街坊四邻里充高级。他们的求学之路遍及五湖四海，他们在书本里遨游了宇宙，但是一落实到人生大事，比如“我想从事什么样的工作”“我想和什么人共度一生”，肉身却始终离不开妈妈的怀抱。

遇到过很多跟随爱情走四方的人，你要问他们当时是为什么这么有勇气？很多人的回答都是“没想那么多，只是觉得TA在这里”。以致负责写情感故事的编辑常常跟我诉苦，幸福的故事都没什么好写啊，都是淡淡地就这么过来了。

那是因为，**真正的勇气，本来就是平静的，是一种本能，是一种纯纯的傻气。**而需要呐喊助威，需要扯上“我抛弃一切跟你走”之虎皮的勇气，不过是虚张声势。

那些异乡让人手忙脚乱的一切：没有熟人，看不懂地图，听不懂方言，坐反了公车，被出租司机带着转一大圈发现你要去的地点只是过一条马路……前者只会把这些发上糗事百科，两人抱成一团傻笑，而后者则会觉得是“看我如何为你吃尽了苦头，敢辜负我你就天打雷劈”。

结局的差异也是必然的。**老把奉献挂在嘴上的人，终究会消磨爱与尊重，而忠于自己选择、从不怨天尤人的人，无论爱情的结果是好是坏，人生也不过就是多看了几处风景。**

等你不再年轻，你会发现，你此刻为所谓的前途错过的，是你此生不多的可以完全忠于内心召唤的几年，所以，别想太多吧，天大地大任逍遥，谁发展前景好，谁挣钱多，就麻溜儿地跟谁走呗！读书读到三十几，最后的观念却还是留在小农经济时代，你爹妈的钱那才真是白花了！

人缘、女人缘、男人缘，你要哪一个？

又有一个女读者来讲她的相亲失败经历了，大意和之前时不时会接到的差不多，依旧是相亲数次，但是每次都是联系那么几次后，就杳无音信了。她们的自我评价普遍不低，朋友对她们的评价也普遍很高，我相信那是真的。

可是我也同时相信，如果有为数不少的相亲男长期选择默默退场，那么可能有一些女性魅力是她们缺乏的。所以，这次我决定不再虚无地鼓励“会有人懂得欣赏你”，而是直接告诉她：不妨去找找男性朋友做下“为什么我没有男人爱”的问卷调查,前提是必须说真话。

因为一个女人是否有女性魅力，和她是否绝对美丽、优秀，真没什么必然联系。

得普及一下女人的“人缘”“女人缘”和“男人缘”了。搞不清这三者的区别，就往往会对某些事产生误会。

有人缘的女人，并不一定有女人缘和男人缘，大家会把她当成一个便利贴老好人，但可能并没有太多女人愿意和她交朋友，也不会有多少男人愿意扑倒她。

有女人缘的女人，并不一定有人缘——你身边是不是有一个倒霉催的女朋友呢？你嘴里说她讨厌得要死，可是她出事你还是第一时间赶去帮她；也不一定有男人缘——这很关键，因为男人看女人和女人看女人，总是标准不一样的。女人觉得某女长得那么普通又那么会装 × 简直是红茶婊绿茶婊啊，可是她就是招很多男人爱；女人觉得某女很优秀又很美啊还会做饭弹钢琴只差要担心天妒英才，可是她就是没有人追，而且要问身边男人你们怎么不追她是不是你们自卑啊，他们也许还会露出不可思议的表情说“你真的是真心认为她不错吗”？

最后，有男人缘的女人，实在是太不一定有人缘和女人缘了——因为女人天性善妒，备受男人喜爱的那一个，总是会被下意识排斥，微博转发痛骂绿茶婊的不大多是女人吗？女人嫉妒起女人来，刻薄、恶毒，超乎你想象。

三者的结果格差在于，有女人缘的女人发微博说：和三五女友下午茶，是人生至乐之事，我才不会将快乐建立在男人身上。有男人缘的女人则抚嘴暗笑：唉，男人这么多，好难选哦！而只有人缘的女人……罢了。

好吧说正经事，总结我遇到的男人缘好的女人，一般都具备以下特质：性格很大方，不扭捏；笑容很自然，不忌讳多露了几颗牙；吃得很多，不挑三拣四；不会太端，不会因一点小玩笑就觉得被冒犯；说话习惯直视对方眼睛；但同时懂得克制，不会将自己彻底沦为兄弟伙……她们是真正可爱的女人，如果我是男人，我也会爱上她们。

单恋
这件小事

在这个专栏，我一直避免选择太过年少的读者来信，因为担心对众多读者会没有借鉴性，但这次，我觉得很有必要与这位高三毕业女生小非，同时也是和从前的自己、和更多也许还来不及思考便已经长大的女孩聊一聊。

小非曾是品学兼优的女生，自从高二暗恋上了某人，成绩瞬间便从年级前 50 名落到 300 名后。对方是还算有良知的浪荡子一枚，她知道他女朋友很多，还曾有怀孕的女孩跑来跟他的现女友对打，他对她，从来是连暧昧都很少的，可就是这种“这是不是代表他对我不一样”的错觉，反而令她更无法自拔。这次高考，小非只勉强上了三本。她是有复读再战江湖的勇气的，唯独对那个男孩，她依旧放不下，“因为这是第一次爱上一个人啊”！

为什么对这封来信这么有感触，是因为收到它的时候，我正在老家照顾做手术的爸爸，而他住的医院——十几年前读高一的我也住过，我这个情窦初开的少女，喜欢上帅气的主治医生（这是多么浪漫又正常的事啊）。后来我为他写了小说，然后用化名发到杂志上。

而多年之后，成为我同事的一个姑娘和我聊看过的爱情小说，有那么巧地居然就说到了这篇，她背得下里面的很多句子，知晓所有情节，末了说："那个作者的小说以后再也没见过。"我诡秘地笑："那是因为那个笔名我只用过一次啊！"她瞬间瞪大了眼睛！

这场暗恋给了我什么呢？它激发了我的灵感，让我得到了稿费——嘿，这个很重要，更重要的是，有了那样的缘分，我和曾经的读者、现在的同事变成了好朋友。

继续自曝。在读高三的时候，我又暗恋上了史上最帅气的英语老师（这样说来我好悲摧啊，为毛我的少女时代总是暗恋……），当时我们的教室是一个大的会议室，大门在我们身后敞开，每次我听到他熟悉的脚步声从门那里传来，都会默默地倒数，5、4、3、2、1，数到1的时候，他就刚好从我身边走过，而我的嘴角就生出一个小小的微笑。

在我写这篇稿子之前，我刚刚与他通了问候电话，并在同学微信群里再次垂涎了他依然帅气的近照，而我毕业之后从来没有与他见过面。那场曾经既翻江倒海又清风明月的单恋当然他也不知道或装作不知道，可是，当年因为喜欢他，我努力地学习，做了让他骄傲的学生。而之后的这些年，我依旧在努力让自己变得更好，因为想着有朝一日有缘再见，我希望他看到的我，生活不会太落魄，容貌不会太蹉跎，而且懂得微笑，不至于在我告知那个"我曾暗恋你"的小秘密时恐惧地打一个寒战。

所以，好的爱情包括单恋，应该是什么样的呢？它一定会让你更柔软、更缤纷、更灵动，而不会让你软弱、苍白、懈怠、堕落。如果你不知道该不该继续爱下去，那么谨记这个辨别标准就对了。

看了这篇小文，是否想起单恋过的某人？如果有，写信偷偷告诉我吧！

“28 岁疯狂综合征”你有没有？

“28 岁疯狂综合征”，是我在做情感主编这些年渐渐总结出的一个现象。这个 28 岁，其实只是一个中间点，严格点说是“28 岁左右”。

我发现，一般来跟我讲自己的爱情故事然后强调“从此以后，我要活出自我，要追寻真爱，要享受人生”的女人，很多都是 28 岁左右。而在 28 岁之前，她们在干吗呢？几乎无一例外的是——当乖女儿。

比如最近我印象较深的一个案例，主角就是 28 岁的女人，跟我聊天时，她的 QQ 签名是：“不要叫我学会欣赏坐着摇椅慢慢摇的美——再不疯狂地爱，我就老了！”这个签名，是签给男友看的，他们当时正在闹分手。之前已在一起两年，双方家庭是般配的世交，已谈婚论嫁。

矛盾的起因，用她的话说是“他没变，是最近这一年，我自己变了”。几乎难以想象的是，她在 27 岁之前，从来没有和除父母以外的人去旅游过，包括男友。北到俄罗斯，南到南非，她读了万卷书，也行了万里路，但是，她从没有长大。每次出门，妈妈为了照顾她，甚至都是母女俩一张床，让爸爸单独住一间。

照片上的她，身材和容貌都姣好，不该是没人追的类型，但她说，确实没有，主要是不敢，不管上哪个学校，妈妈都会在学校附近租下房子照顾她，快上课了才送去，下课了马上接回来，谁敢来追？而当女儿年纪渐长，妈妈又开始忧心，介绍这个世交子弟给她。

他是妥帖的，家教和人品也好，一开始的那一年，他们“也曾甜蜜过，想天荒地老来着”。可是，近年来，“也许是参加了几次同学婚礼，被大屏幕上他们的爱情经历震撼了，也许是你的专栏看多了”，总之，她说自己“就像突然开窍了一样：我还年轻，但是马上就要老了，我却没有过那样惊心动魄的爱情！我甚至没有和爱的人一起去旅游过”！她想和男友过一种不一样的生活，想辞职至少半年，和他一起走遍世界，到凯旋门、罗马广场、富士山下接吻，但被他以各种原因拒绝了，他说她幼稚、被惯坏了、想一出是一出，她则形容他“就像温开水，认为人生的幸福就是坐着摇椅慢慢摇”。

他们错了吗？其实都没有。但28岁的女人，我觉得应该早已经历各种爱情的款式，激情的、平静的，甚至被骗的、荒唐的、格差的……应该是一个女人开始成熟、冷静、懂自己是谁、自己要什么、有清晰目标的年岁，爱情和旅行都应该是努力生活后的奖励甜点，而不是全部。

而这些，她的妈妈绝对没有教过她。

所以，养女儿的妈妈们，要当心了，你的爱情教育缺席，你的不放心与不放手，都在告诉你一个关于疯狂综合征的危险信号。

也许，是你不配有爱情

准女婿上门，时常遭到准岳父母的考验，女人们觉得男人被整得好爽好可爱，将此当成荣耀津津乐道。

准儿媳上门，也时常会遭到准公婆的考验，比如，让你帮忙洗个碗，看看你有没有主妇的架势，让你和男友一起择个菜，偷窥一下你们平常怎么分工，谁说了算。此时，女人们会怎样？

有个女人选择跳起来，并死盯着准婆婆的眼睛说："我从小到大没有洗过碗，我不晓得怎么洗。"转头又对男友说，"我丑话说在前头，我这辈子没准备洗碗。"她恨恨地给我发邮件："她想打压我，想给我个下马威，想得好美哦！"真是凛凛杀气扑面而来。

想起一个朋友说她第一次去拜见婆婆，为了装出个好印象——真的是装，她在家就从来没干过活儿——硬是由男朋友在家指挥着练习了一星期的全套厨房活计，择菜、切菜、炒菜、洗碗……摔破了多少盘子啊，男朋友都心疼坏了。炒出的菜不是这里煳了就是那里又是生的，他拿根筷子敲敲，恨铁不成钢地说："你自己想想，除了我还有谁会要你？！"到了婆家，她也并未练成厨房达人，依旧手忙脚乱的，可是婆婆就那样喜欢上她了，因为她知道，这姑娘既然想做这些事来讨好她，就代表是真心想跟儿子过日子的。做不做得好有什么关系呢？这可是她自己养了几十年的儿子，她能不知道在家都是儿子做饭？

我当时还跟她打趣：现在网上都说，去了婆家绝对不能做家务，不然一辈子都翻不了身了。结果你猜她怎么说，她说："我觉得那些人是总把自己当外人了，觉得老公和婆家才是一伙的。我不觉得，我要了他，他就是我男人。我们才是一伙的。"于是，一致对外，合起伙儿来"坑爹"。

对比她，觉不觉得前面那个杀气扑面的女人真的好幼稚？他们因此没有结成婚，我想这是那个男人的福分。

我在想，她到底有没有真的爱那个男人呢？如果是真的爱，应该会下意识地不计较这种眼前的得失吧？不过是在公婆面前让男人找到一点儿做相公的面子，有多难？如果这是女权，那还是不要为好。

或许女人不是不能迁就，而是不想迁就，因为她们总觉得自己在受迫害。对她们来说，整男人是应该的，被男人整是绝对不行的，虽然有时候根本上升不到"整"。老公及其父母都是敌人，不保护自己，就会沦为他们的奴隶，从此三座大山压头，永世不得翻身。

放轻松，没有那么严重啦！当你乖巧地展示了你好儿媳的潜质（谁管关上门你们俩谁说了算），父母便会放下心来享受他们自己的夕阳红，因为他们知道你们的心是往一处使的。而往往是那些要了面子失了里子的媳妇，才会被一个不放心的婆婆纠缠不休。

一个女人表现得太过强势，原因往往是内心太过虚弱，对感情太不确信。而一个内心强大的女人，应该是平和的，会享受付出所带来的快感，当然，她们也更有理由享受爱情反馈给她们的愉悦。所以，总是得不到幸福的女人，可能要静下心来想一想了：你到底配不配？

高端大气上档次的
情感双修，你值得拥有

收到一封长信，居然来自恋爱中的双方，前半段是男人写的，后半段是女人写的，这个简直太罕见也太值得推广了。首先，不少写信来的姑娘喜欢将自己包装成受害者，其实根本经不起推敲，这样写可以大大避免“好的都是我，坏的都是你”；然后，这例子有没有种美剧里两口子去参加婚姻指导的意思？**“我们心往一处使”，这是一个多好的信号！太高端大气上档次了！**

男方离异有子，最近与女友讨论情感问题，“我指出人的恋爱是有阶段的，一开始追求的时候不太顾及自己感受，到达一个阶段后就会开始顾及自己感受，争吵矛盾就会多起来”。没料到此话造成女朋友生闷气，他说一开始没当回事，“后来觉得这样不好，就去哄，但可能错过了最佳时机，怎么都和好不了，于是我觉得她无理取闹了，就也生起气来”。对此，他提出希望“她能增加自己的忍耐力，宽容度，讲道理或者约法三章，一旦争吵我可以哄，但时间和次数要限制，不可以没完没了”。最后他剖析自己：“我的缺点就是太理性，不懂圆滑，不知道哄人。但我希望爱是你情我愿的，大家都真实地做自己。”

对此事，女方说“那天我早上 5 点就起床去上班。晚饭后谈到他上面讲到的那个观点，我不苟同，就生闷气。晚上他也不帮我洗衣服，我自己洗，还要洗他的，我以为这么累他会心疼我，结果就像他说的那样，他来哄我，我也不待见他。我说他不够关心我，他觉得我不够成熟，他说我一生气他就怕，怕以后结婚了我还是这样太计较对方，太把小事拿来生气”。这是节选，她的信大概是男人的三倍长，连她自己都说："我口水话很多，这就是我和他的区别，他平时很理性，特别是喜欢我生气的时候跟我讲道理，我更气，可他还是讲，好郁闷。"

这一对最后的落脚点也很有意思，男方是说“希望专家能给我们指一条明路，让我们顺利地走下去”。——他的方向是积极的。而女方说的则是："我就想问问，是我的问题还是他的问题？"——她只想争个输赢。

大家都知道，我对愿意写信解决情感问题的男人总是比较宽容的。这一次也不例外，我觉得他想法挺对的啊，除了在女人冒火时选择讲道理这一点，傻帽且讨打。但对于我这种信奉最好的爱情就是不给彼此添麻烦的人来说，我也真无法理解为啥女人非要要人哄才活得下去？5点去上班，那是你的工作，要是我工作累了，我会选择今天不洗衣服，为啥又要洗，洗了又要念啊！

这事件的结果是，在我此处省略N字后，女人最终觉得“确实作为一个成熟女性应该掌握好自己的情绪”，真好，祝你们白头偕老！而更多看这篇稿的亲们，如果你们想像他们一样成长，带上你的他（她），给我写信吧！

不要在仇富中度过一生

某天与朋友八卦身边那些改变了命运的人，如，月薪1500块的女孩子，攒了三年的积蓄去旅游，恰好就遇上了有钱人，风光大嫁；连工作都找不到的女孩子，给富家小孩当家教，教着教着就教成了后妈……我们感慨，女人改变命运，真的是比男人容易得多。同样情况下的男人，能干吗呢？除了奋斗再奋斗，似乎别无他法，傍富婆？嘘，别傻，那些“千万富婆诚征男友”的小广告都是假的啦！

在读下面的文字之前，大家不妨花一分钟想象一下，你们觉得，这两个女孩，她们嫁的是什么人？是否幸福？

然后，把想象结果暂且放在一边，先听我讲讲最近遇到的一个男读者。

26岁，“没钱，没背景，只有一颗爱她的心”，与她相处两年，最后她移情别恋。歉也道过了，礼物也还了，按说大家都是成年人，为分手纠缠就太幼稚了，可他不准备放手，原因很奇特，因为“虽然恨她见利忘义，但还是想让她走正确的路，让她知道谁才是最爱她的人”。原因的原因，是“对方是个有钱人，只是图她年轻漂亮”。

看到这样的话，常会笑出来。人心真奇怪，尽管都想变成有钱人，但是却又总是要做出一副瞧不起有钱人的样子，认为有钱人都是坏的，嫁给有钱人的都是去卖的。这思维还真是有够简单粗暴啊！

我觉得，一个成年人，不为自己的缺陷辩护，才算走出了成熟的第一步。

如果没钱，就得承认你确实给不了她基本的生活保障，而不要强调“但我的爱是无价的”；如果没钱是因为你的能力造成的，就不要老是将责任推给贫穷的父母，动不动就用“屁民”来形容自己；如果你不只是没钱，还有更多其他的不足，也请正视它们，不要轻易将爱过你的女人绑在“见利忘义”的道德十字架上。——如果你**长到26岁，还认为有钱人“不过是有几个臭钱”，那我得说，看不到有钱背后的东西，那些身为男人的你应该学习的勤奋、魄力、判断力，那是你太无知。**年纪轻轻，不要学那些气人有、恨人无的庸碌之人，在仇富中度过一生。

再透露下之前的谜底：那两个女孩的生活。以为她们嫁的是老男人？那你囿于成见了。第一个是IT才俊，爱上她，因为天性乐天的她，笑容太美好；第二个据说姻缘是小孩牵的，“姐姐，我爸爸好辛苦，你给他做老婆吧”，现在，他们一家三口，很幸福。

当然，并非有钱人就都是好的，丑陋的人性，穷人富人都会有，也的确有很多女人，只看到了钱，而不关心“为什么有钱”。可是，如果你的前女友，真的就是这样一个人，心甘情愿选了那样一个人，那么，失去她又有什么可惜的呢？

闭嘴吧，
让无声胜有声

一个女读者用一封接近八千字的长信，给我讲她和丈夫的故事。经历过两地分居、父母反对、疾病……这是一对在一起很不容易的夫妻，信中写的都是她对丈夫的爱和付出。她文字功底不错，所以即便这么多字，我还是很顺畅地看完了。

可是，现在她的丈夫在没有第三者的情况下，要跟她离婚。她说："谈过，也闹过，他像吃了秤砣。"她说"我不知道我错在哪里"。

我也想知道是什么让这个男人死活不要这个好女人了，于是我提出想和她的丈夫谈谈。最初她十分抗拒，但过了几天，她丈夫主动跟我联系，他的说法是"听她说跟你聊过，你也支持她，我觉得有必要让你更全面地了解事实"。

在 QQ 上他有些沮丧："我知道外人很难认同我，因为她真的嘴巴很会说！"他说，她是一个很善交际，但在家里总让人感觉冷漠的人。她说曾在他生病时衣不解带地照顾他，他承认，但"她总是板着一张脸，病房里的气氛都被她弄得很尴尬"；她说他妈很刻薄，"怎么讨好都暖不了她的心"，他承认她礼物是送过，但每次都是冷冷地放到桌上，从来没听她叫过妈；他说，在家里她永远在教育他，即便只是遥控器放在哪里这样的小事，都可以念上半天，"我很少见她笑过”，他说，“我总觉得她跟我在一起不开心，实话说我感觉很失败。她说她爱我，但她跟我在一起的样子，让我根本感觉不到，我反而觉得她很讨厌我”。

我把丈夫的话跟她转达，她沉默很久之后承认了：“想到他对他妈好，我就笑不出来。”因为他妈从前反对他们结婚。

在这里我不谈婆媳关系，因为丈夫对自己妈妈好，这是天伦，这是你自己需要无条件调整的问题，否则你只会变成困兽。我只想谈在夫妻关系中，最好的沟通方式是什么。

我认为比有声沟通更重要的，是无声沟通。你的表情、眼神、肢体动作，比漂亮话儿有杀伤力得多，因为它更真实、更真诚，它更能代表你自己的心，因此也就更能贴近别人的心。

两性关系甚至所有人际关系里最忌讳的，就是“嘴巴说得好听”，同时“肢体没有交流，脸上没有笑容，眼里很多飞刀”，这些会将你的漂亮话儿衬托得虚假、令人反感，同时抵消掉你所有的努力。之所以爱笑的人运气不会太差，就因为笑会让大家的愉悦连成串儿，成为一个良性循环。

现在还没到离婚的地步，所以，不妨先闭上嘴，尝试一起看喜剧片，去游乐园感受刺激的项目，从习惯彼此的笑和心跳重新开始吧！

欲壑难填的“丈母娘”，
都曾是欲壑难填的“女人”

女读者L的原定婚期不到一周了，妈妈仍旧捏着户口本不放。

妈妈不同意嫁女儿，可能有几百种理由，但是这位妈妈的理由是最直白的那一个。

L说：“如果她（妈妈）说的理由是男友的人品、性格，那我还会考虑下，可她翻来覆去就是钱钱钱，嫌他房子小，还没我自己的大，又嫌他还在创业，前途未卜。总说谁家的女儿又嫁了有钱人，谁家的女婿买了大房子。我真的难以接受，你是把你女儿当商品吗？养大了然后卖个好价钱吗？”

L的男友是外地人，与她恋爱一年，感情甚笃。她形容男友的都是褒义词，踏实上进、有责任心等等，我一点都不怀疑，因为这么一个挑剔的妈，都除了“没钱”再找不到什么其他借口好说，可见真是很本分又争气的男孩子。

换了是我，何止不会阻挠，简直恨不得自己都去嫁了。

那么深层次的原因到底是什么？

L对她妈妈说的其中一句话，简直一语中的，她说：“妈妈，你反对我们，是因为你这辈子，从来没有像我这样幸福过。”

这句话告诉我们，每一个欲壑难填的“丈母娘”，都曾经是欲壑难填的“女人”。

在L的记忆中，妈妈似乎从来没有真正得到过满足，她总是在抱怨，别人家的老公多么会挣钱。在这样年复一年的抱怨声中走过来的夫妻关系，即便金婚了又有多恩爱？她的人生贯穿于爱与金钱的双重缺憾。而这些，她想通过孩子的婚姻来得到补偿。

父辈的满足感与幸福感，直接决定了他们是否愿意让孩子得到满足。就这位妈妈来说，女婿的有钱是最重要的，这可以让她在亲朋好友中扬眉吐气，一雪前耻。而爱情是次要的，很多人都曾跟我抱怨，父母们讨厌他们在眼皮子底下牵手，靠在一起看电视也会被呵斥，这样的父母，青春一般都乏善可陈，因为他们没有爱过，所以不懂，甚至会下意识产生嫉妒。

只有年轻的时候真爱过，并从爱中切切实实得到过幸福的父母，才不会把钱当成最终的安全感，才会理解爱之引力，足以冲破一切束缚，才不会也不敢轻视为了争取爱情挣扎的人的能量，那是遇神杀神遇佛杀佛的烈。

所以，每一个年轻的男女，去争取吧，去爱吧，去幸福吧，不仅为了眼下的自己，还为了将来不再成为心怀块垒郁郁难舒祸延下代的爹娘。这就是为什么我们需要爱情。

真正的降得住，是无为而治

都说高手在民间，情场当然也不例外。本次就来介绍一位民间高手的情感高论。

个人资料：男，典型的青年才俊，前途无量，样貌呢，即便在那个帅哥云集的行业也算是男神级别吧——女读者请先擦擦流下的口水，人家已婚，娃可以打酱油了。

男神婚前交过不少女朋友，甩人无数，被甩只有一次。对方是东北大妞，任凭他温柔体贴，把所有业余时间全用去陪她，却还是逃不过被甩的命运。男神痛定思痛，总结出第一个情感高论：温柔体贴并非法宝，对很多女人来说，喂她吃一口包子，不如给她“一耳光”！

深层的原因呢，男神是这样分析的：一百个女人，就有一百种需求，你要想追一个女人，必须学会换位思考：如果我是她，我到底需要什么样的男人？或许，那个东北大妞需要的只是一个粗犷的汉子，你越温柔，她反而越觉得你不像个男人。

个人觉得这个换位思考理论很适合剩女学习，要想搞定男人，就得先研究一下他需要的是哪种女人特质，当然，你如若一根筋地叫着“我要做自己啊我就要做自己”，也可以，那你就不要抱怨“我很好，为什么我没人爱”。何况，你那个“自己”到底有多可爱？

继续说男神。男神阅尽千帆，然后心甘情愿结婚了，老婆呢，他形容为是一个“能降得住我的人”。于是，男神的第二个情感高论是：一个总想着控制男人的女人，绝对是降不住男人的人，真正的降得住，是无为而治。

男神工作繁忙，一周最多在家吃一顿晚饭，且很多时候是外宿。老婆居然也不过问，最多快 12 点了打个电话问问平安。反而就是这种无为而治，让他觉得自己绝不能辜负她的信任，尽管几乎不回家吃饭，但每天晚饭前都固定会电话报备是否回去吃饭，如果当晚酒喝多了没打电话，他会在老婆每天早上醒来的时间，发短信过去报平安。

他说：“从前都是女人担心我，现在是反过来我担心她！”但你认为他是沮丧？才不，他是眼睛含笑着说的。这种幸福基于他的第三个情感高论：如果你不信任他，那么就不要结婚，因为没有彼此的完全信任，夫妻绝对走不远。再说他的报平安短信吧，仅仅只是报平安，他从来不需要刻意说明我在哪儿和谁做了什么事，因为“一个男人要想骗你，瞎话怎么都编得出来。而一个不想骗你的男人，根本不需要说那些”。

女读者们羡慕之余，不妨想想我们为什么做不到，我们怎么才能做到。有时候好男人遇不到，可能真的不是命不好哦！

“闺密”其实是个贬义词？

电影《闺密》刚上映那几天，朋友圈、微博里到处充满了“和闺密一起看《闺密》此生永远不分离”“女人可以没有男人，但不能没有闺密”等等之类的话，但也许是来我这儿吐槽的太多，抢我男人啦，欠我钱不还啦，又用我的睫毛膏啦，去死吧又在我面前炫富啦……所以我更愿意将闺密定义为：暂时还没有进入撕逼模式的好朋友。豆瓣有网友甚至说：“闺密现在是个贬义词黄导你知道吗？”

一个女人在背后说闺密的坏话可以刻薄到什么地步，有时简直连我都不忍听。心机之深，更是堪比《甄嬛传》。至于电影宣扬的那种“前一秒撕破脸皮后一秒就相拥而泣”或者“前一秒你妈算老几后一秒就友谊之树长青”，我还真的很少见到听到，我见到听到的都是反过来的，且反过来就很难再调头了。

当然也有例外，比如有一方愿意继续保持表面的友谊而把怨毒藏在心里。有个姑娘在和闺密和好之后，就变成了一个随时在心里嘿嘿冷笑的人，她会和闺密亲亲热热逛街自拍，分开后扭头就开始狞笑“不就嫁了个小老板，真当自己是什么好东西，跟做鸡有什么区别”。这个就类似《小时代》里的那句台词：“我现在像不像女王？”“像，你现在确实像一只女王八。”

说到《小时代》，在女人堆里打滚多年的郭敬明才是最懂女人心的，不信看看更多台词：“今天我要敬我的好姐妹，祝你的人生和我的一样开始发烂发臭。”“你高高在上的人生，就是为了衬托我们活得有多低级。”“你自私！”“你才自私！”“我对你好！”“你才不是，你只是为了满足你自己的虚荣心，让别人都围着你！”“我养条狗都会对我摇尾巴，而不是像你这样对我龇牙咧嘴的。”“说白了，我们还不就是你养的狗！”

所以，一旦闺密中有人过得好有人过得差，那闹崩就是迟早的事。只有背景相似，经历相似，当下境遇也相似的，才能是真闺密。因为大家是平等的，谁也不值得谁高看，谁也别嫌谁给自己丢脸。

这还得保证你们能一直齐头并进不出什么幺蛾子。网上有个说闺蜜的帖，之前十几年，尽管性格不一样，但从来没为任何事红过脸。可是自从一个嫁了富二代一个嫁了村二代，马上就变天了。楼主就是嫁了村二代的，回老家结婚的时候，富太太去给村太太当伴娘，当时就被那个穷法给惊呆了，居然还要喂羊？！她情不自禁流露出的厌弃，让敏锐捕捉到的村太太鬼火冒：“你做这个样子给谁看呢？”但是这句话没有说出口，大家懂的，**闺密之间，口出恶言不是友尽的开始，只在心里唠叨才是死火山满血复活的标志。**之后她们开始渐行渐远，当最近一次联系再次爆发“富太太严厉指责村太太是个不会挑男人的傻 ×”后，村太太气急攻心发帖问：“女人之间的友情为啥老要像一场战争？”她沮丧地说：“友情到底是啥？不到衰的时候你根本不会去想。就只会一起吃吃喝喝做指甲，一起八卦吐槽聊男人。”

说对了，所谓闺密就是用来做这个的，你指望它像兄弟一样承载更多的东西，是想太多。没办法，因为女人就是这么的玻璃心。

别把无意义的消耗
当作努力

元旦节那天，编剧余飞在微博上说刚刚跟琼瑶阿姨讨教过爱情的真谛，他问琼瑶："小时候爱情由您启蒙，但过了大半辈子也没弄明白爱情是什么，您能告诉我吗？"结果阿姨回答："爱情是女人的事情。你们男生经常一辈子都搞不清楚，就不要勉强了。"

我觉得这句话好适合改个字送给那些常常给我写信抱怨男朋友或老公的人："爱情是女人的事情，他们男生经常一辈子都搞不清楚，就不要勉强了。"

男女之间的矛盾，大部分是由"一个想得太多"和"一个想得太少"造成的。往往是女人在脑子里已经经过了长久的前戏和激烈的高潮："他到底是怎么想的？""他一定是这么想的！""他怎么能这么想呢？""他如果这么想我一定要那么做！"她在幻想中把对手戏演了一遍又一遍，ending 筹备了好几个：如何扇出一记漂亮的耳光？如何在他跪下求饶时发出优雅的冷笑？要和好吗？要分居吗？还是干脆离婚？

然后男人从电脑前抬起脑袋，茫然地问："老婆，到底什么时候开饭啊？"

妈蛋，破功了。

女人的悲痛感自此正式进入决堤期：原来我为这段感情付出了那么多心血，你却压根儿想都没想过？！

女人可爱就可爱在容易感动，讨厌则讨厌在容易感动自己。

我都不知道收过多少次这样的来信了：通篇都是讲述自己如何对一个男人好，简直是杜鹃泣血，但男人就是对她们不好，各种不耐烦，各种要跑掉。

到底是那些男人全都是渣呢，还是，女人只是太习惯于感动自己？

看过一个叫于宙的80后男生的Tedx演讲《我们这一代人》，里面有一些话我无比认同："不要把无意义的消耗当作努力，不要沉溺在对结果没有直接帮助只是因为自己遭受了一些痛苦的行为中，就误以为那就是努力。""千万不要感动自己。大部分人看似的努力，不过是愚蠢导致的。人难免天生有自怜的情绪，唯有时刻保持清醒，才能看清真正的价值在哪里。"

在情感中，我想尤其需要我们自控的就是：**不要把无意义的消耗当作努力，不要为自己的情商不高、不爱沟通、自私自利甚至愚蠢，冠上一个"努力"的高帽。**

新的一年，唯愿我们所有人爱得更坦诚，更聪慧，也更有价值。

你终究只是个女人，
渴望踏实有结果的爱情

有一男一女，爱了10年，他给她买房子，买车，陪她过几乎每个生日，给她买贵重礼物，互相说爱你，但是因为不能结婚，所以不碰她——如此纯美且多金的爱情，是不是很韩剧？嗯，女当事人也这么认为。

好遗憾，这终究不是一个纯美韩剧，而只是一个俗套的国产家庭剧，因为这男人，一边与她“相爱”，一边结婚生子了。真没劲。

所以，大家知道了吧，爱情这两个字，在包括这个故事的所有偷情故事里，其实都是一件皇帝的新装，骗骗自己是可以的，但掩盖不了赤裸裸的现实。即便有爱又怎么样呢？有爱的奸情，还是奸情，本质是不会变的。

她当然不会轻易接受这个说法，因为，“他从来不碰我”。意思是，这是一份纯洁的爱？我可不敢苟同，或许那是他的特殊癖好吧。这世界本来就很多元，有人和公仔恋爱，有人和母鸡或者充气娃娃结婚，有人光靠追星便能了此残生，不是每个人的出口都在下半身的。何况他家有贤妻，不缺这口儿，而只会随着年岁渐长，越来越觉得不够用。且你该感到悲伤才对，你跟了他10年，却连性生活都没有。

当然，在他和她的内心，未必是真的如口头那么相信这是爱情。他抛下拉着他玩耍的孩子，去赴她的约会，未必会没有愧疚；她收下那些贵东西，未必会觉得可以心安理得、毫无束缚。否则也不会尽管那男人反复要她“找个人嫁了”，她却“做不到”。是真的做不到？还是有那么一点“拿人的手软”？

往往是：故事的B面太猥琐不堪，所以有必要把A面包装成真爱纯爱悲情爱。所有的罪犯，如果要脱身，就必须证明犯罪的合理性或正义性。乱搞、当小三这回事，当然也要有爱情傍身，才算拿到尚方宝剑。

所有的女人，请注意一个基本准则：**任何不足以让你有尊严地生活的男女关系，都不能称之为爱情。**骗我可以，反正我不会轻易被骗，你别把自己也骗过了就行。

女人的青春，有几个10年？等到你四五十岁，他还会不会给你这“真爱”？如果真的如你所说“有房有车有工作，有闺密定期聚会”就算是好的，也不会想到给我写信。你终究只是一个女人，渴望最踏实的、有结果的爱情。

回头是岸吧，反转人生虽不容易，却也并非无路可走。阳光下牵手的新生活，你绝对值得拥有。

委屈
是最无用的情绪

时常收到根本无法给出建设性意见的信。

比如一个女读者，与男人认识 11 天就见父母，不到一个月就结婚，然后怀孕。怀孕期间男人就出轨，且明目张胆，毫无愧疚。

还有一个是男人在恋爱期间就家暴，我当时就说这样的男人肯定不能要啊，结婚前就对你不好，结婚后当然只会更糟。可是明知是火坑，还是要结婚，婚后果真每况愈下，现在三年抱俩，二胎都怀上了。

她们都觉得好委屈，好痛苦，试图寻一条明路。可是我没有明路给她们，我只能听，然后说：受着。

只能受着。因为走这条断头路，是你自己的选择，你选择进入没有爱情，甚至没有基本了解的婚姻，并对传说中的幸福心存侥幸。这过程中你没有被强迫更没有被骗，现在种因得果是你承受的时候了。

著名心理学家李子勋曾经接到一个读者的提问："孩子爸爸常年出差，平常工作也忙，见不到孩子几面。现在孩子不愿意理他，我应该怎么教育？"李子勋这样回答："为什么要教育？这是他应该承受的结果。”如果一个爸爸自愿将事业凌驾于家庭之上，那么这个结果就是必然的。

什么时候我们能理性地看待自己的选择最终产生的结果，并为结果负责呢？如果你总是自己种了因，却要找一个别人来承担责任——就像前面两个读者，最后总是想把责任推到男人身上，甚至像那个妈妈，最后想把爸爸的失责推到孩子的不懂事上——那不管在哪一段关系中，你都不会有成长，你只会产生无穷无尽的委屈和抱怨。

委屈，大概是一个社会人最无用也最没有资格产生的情绪，因为只要你脱离“我永远是受害者”的自我怪圈，你就会发现，所有的委屈都可以从你自己身上找出绝大部分的原因。比如下面这两个读者。

一个在单位被人排挤，领导也不闻不问，委屈。——那是你为人处事有问题又没有足够的让领导支持你的能力。

另一个自认对孩子付出极多，但现在孩子连房门都不让她进，委屈。——是你没有成为让人信服和尊敬的母亲，你无休止地念叨，想让18岁的儿子还像婴儿一样蜷在你的怀里，你把时间花在了错误的地方。

当然，所谓的承受，并不是说一切气数已尽，只等着命运的镰刀来将我们收割。承受，是一种担当，一种反省，一种对自我的重新考量。有了承受，才能在重新出发时有所成长，不至于兜来转去，最后发现只是和自己打了个罗圈仗。